技工院校公共基础课程教材

交往与合作

（第三版）

主　编　牟　岩
副主编　付　洋　郭晓丽　方　静

中国劳动社会保障出版社

图书在版编目（CIP）数据

交往与合作 / 牟岩主编．--3 版．-- 北京：中国劳动社会保障出版社，2025. --（技工院校公共基础课程教材）. -- ISBN 978-7-5167-7000-9

Ⅰ. G718.1

中国国家版本馆 CIP 数据核字第 2025HR4228 号

交往与合作（第三版）

JIAOWANG YU HEZUO

中国劳动社会保障出版社出版发行

（北京市惠新东街 1 号　邮政编码：100029）

*

北京市白帆印务有限公司印刷装订　　新华书店经销

787 毫米 ×1092 毫米　16 开本　15.75 印张　274 千字

2025 年 8 月第 3 版　　2026 年 1 月第 2 次印刷

定价：26.00 元

营销中心电话：400-606-6496

出版社网址：https://www.class.com.cn

https://jg.class.com.cn

前言

技能人才是我国人才队伍的重要组成部分，也是实施人才强国战略、就业优先战略和创新驱动发展战略不可或缺的支撑力量。着力培养高素质劳动者和技术技能人才，对于迈入新时代、培育新动能、实现经济社会高质量发展具有十分重要的现实意义。

党中央、国务院高度重视技能人才队伍建设。党的二十大报告提出要努力培养造就更多大国工匠、高技能人才。中共中央办公厅、国务院办公厅下发的《关于深化现代职业教育体系建设改革的意见》中，明确提出要培养更多高素质技术技能人才、能工巧匠、大国工匠。技工院校是培养技能人才的摇篮，加强通用职业素质课程建设，是弘扬劳模精神、劳动精神和工匠精神，促进学生养成良好职业素质的有效途径，更是强化“德技并修、工学结合”育人机制，落实立德树人根本任务，提高技能人才培养质量的重要举措。

通用职业素质是从业人员除岗位所需要的专业知识和技能外，在职业活动中所表现出来的最关键、最核心的综合品质和能力，是从业人员职业理想信念、职业基本意识、通用职业能力、通用职业知识等方面的综合体现。技工院校通用职业素质课程由自我管理、自主学习、理解与表达、交往与合作、信息检索与处理、企业管理与企业文化、就业指导与实训和创业创新指导与实训等模块组成，着重体现职业素质在宏观意识和一般方法上的导向作用，为专业课程中的职业素质融合运用提供方法论基础。

本课程以学生终身职业发展为目标，以实用性、有效性和综合性为原则，根据职业发展所需要的各项通用职业素质构建课程体系和内容，以学生为主体进行教学设计并安排教学活动，强化学生通用职业能力的培养。表现出以下几个鲜明特点：

第一，以学生需要为中心。课程内容设置紧密围绕学生在职业素质方面的主观需要和客观必需，帮助学生明确学习目标，确立养成途径，最终适应岗位和适应职业发展。教学活动注重凸显学生的主体地位，引领学生自主探究和实践，获得价值体验，在行动中内化观念、意识和知识。

第二，以职业发展为核心。课程目标设定、模块架构、教学实施和学习评价均指向帮助学生获得更好的职业发展。课程的功能定位是在职业理想信念驱动下的职业基本意识和通用职业知识的综合运用，为学生就业、转岗、创新创业提供支撑，满足学生职业发展的素养要求。

第三，以能力培养为重心。坚持以能力本位、问题导向为原则，课程内容不追求知识体系的完备性，不灌输不必要的概念性、理论性知识，尽量避免生硬的理论阐述。聚焦解决职业活动中的实际问题，将知识传授与能力训练相结合，通过案例分析、任务引领、项目训练等活动教学，重在培养通用职业能力，侧重考查实践过程和结果，引导各项素质培育有机融合，相互促进。

本课程提供配套线上资源，可登录 https://jg.class.com.cn 观看或下载。

本版教材由牟岩任主编，付洋、郭晓丽、方静参加编写。第一版教材由郑静、牟岩任主编，荆清霞、李卫华任副主编，何语华、王凯参加编写。第二版教材由牟岩、郑静任主编，荆清霞、李卫华、焦莹莹任副主编，袁晓峰、何语华、王凯参加编写。

目录

绪　论

什么是交往与合作？

在开始探讨这个问题之前，我们先来做个小游戏。

小游戏

造山运动

一、游戏规则

1. 全班以 10 人为单位分组。

2. 每组先选两人背对背坐在地上，不用手撑地站起来。

3. 随后依次增加人数，每次增加两人，直至本组所有人都加入进来。

4. 最先完成者为胜，最先放弃者为败。

二、角色划分

1. 组长。每组推选 1 名组长，负责组织安排组员，调动组员情绪，为大家鼓劲。

2. 组员。在组长带领下，每位组员于游戏开始前做自我介绍，以便更加熟悉彼此。游戏过程中相互配合，为实现共同目标而努力。

3. 裁判。每组选 1 名同学任其他组裁判，如一组同学任二组裁判。

4. 记录员。每组推选 1 名同学担任记录员，负责记录本组讨论情况、拍照等工作。每组的记录员要给每名组员至少拍 1 张反映他（她）活动情景的照片。

三、游戏时长

15 分钟。

在刚刚的游戏中，小组中哪位同学做的自我介绍让你印象最深刻？让你印象深刻的原因是什么？

哪个小组最先完成？他们组的成功秘诀是什么？哪个小组直到最后也没有完成？支撑他们一直坚持的原因是什么？

在这个游戏中，大家通过得体的自我介绍使彼此熟悉起来；而要想获得游戏的胜利，每个人都得是别人的支撑，每个人也都需要别人的支撑，任何一个人的动摇和犹豫，都有可能导致这个游戏失败。

这个游戏既涉及交往也涉及合作。人们相互往来，进行物质或精神交流的活动，就形成了交往。很多事情需要大家密切配合、共同努力才能完成，这就形成了合作。一个生活在社会中的人，离不开与他人的交往与合作。

按照对象的不同，我们可以把交往与合作大致分为三大类：家庭成员之间的交往与合作、同学或师生之间的交往与合作、同事（包括领导）之间的交往与合作。

如果按照交往与合作的时间跨度划分，还可以分为长期交往与合作、短期交往与合作、临时交往与合作等类型。

不同类型的交往与合作意义不同，要遵循的方法和原则，以及要注意的问题也有所不同。不少人在熟人面前放得开，对陌生环境和陌生人则充满恐惧，不知道如何尽快融入新环境、建立新关系、开展新合作。有没有什么方法和技巧，能帮助我们克服畏惧心理，建立良好的人际关系，与团队成员高效合作，在帮助团队取得成功的同时，也推动自己的事业顺利发展呢？

想一想

你会跟爸妈说“谢谢”吗？

说一说

第一次到宿舍见到新舍友时，是你主动打招呼的吗？

这些就是我们在这门课程中要一起探讨的。
让我们开启探索之旅。

课后练习

建立团队，并完成下列任务。

1. 建立小组共用网盘或小组群，作为存放小组学习资料的公共空间。

2. 记录员把活动照片或视频分享到小组共用网盘或小组群。

3. 每个人写下自己参与游戏的感受，发送到小组共用网盘或小组群。

4. 记录员将大家的感受和照片编辑到一起，加上你们组的标志——前提当然是你们已经把它设计出来了，制作成简报，发到共用网盘或小组群备份，同时发到班级群里。

第一单元

建立良好人际关系

拥有良好的人际关系，是一件非常美好的事情。它让我们无论是对上学、上班还是回家都充满了期待，感到与亲人、同学、同事，以及朋友们一起做事特别有意义。我们与他人不但可以交流思想，还可以交换信息，互相传授知识技能，沟通感情。所有这一切，都会带给我们美好的生活体验，让我们对生活充满信心。

尽管我们都十分希望拥有良好的人际关系，但却经常遇到不尽如人意的情况。当我们面对利益矛盾、观点分歧时，冲突是难免的，关键是如何处理这些分歧和矛盾。那么，怎样求同存异，妥善处理各种矛盾和分歧，建立和维持良好而有效的人际关系呢？

在这个单元里，我们一起来探究“如何建立良好的人际关系”。

第一课　增进自身礼仪修养

学习目标

1. 认识礼仪修养的本质。

2. 掌握基本的礼仪常识。能够得体着装，正确与人握手；能够根据不同场合需要，恰当地使用自我介绍、请托、拒绝、致谢和致歉等交流方法。

翻转课堂

本课导读

增进自身礼仪修养

- 得体着装
- 得体妆饰
- 有效交谈
  - 自我介绍
  - 请托
  - 拒绝
  - 致谢
  - 致歉
  - 网络交流
- 握手礼仪

一、思考

1. 你是否见过或听过有人因行为不符合礼仪规范，给其人际关系带来不良影响的事例，请列举一二。

2. 讲礼仪就是明知“束手束脚”还得去“表演”礼仪，不讲礼仪就会“无拘无束”、皆大欢喜，你认为这种说法对吗？哪些讲礼仪的做法会让双方真正感觉舒服？

3. 我们展现的哪些礼仪让对方和自己都感觉舒服，哪些礼仪又有待加强呢？尝试自我反思、总结一下。

二、简析

1. 马莲莲是公司行政办公室的文员，也是公司合唱团的成员。合唱团为每名成员做了一条曳地长裙演出服。下午合唱团要彩排，马莲莲直接穿着演出服就到办公室去了。如果你是马莲莲，你会这样做吗？为什么？

2. 刘工帮张雯解决了一个技术难题，张雯非常感激，马上向刘工表达了自己的感激之情，还在工作总结会上特别说明刘工提出的方案对项目的促进意义，会后还请刘工去喝了一杯咖啡。张雯的做法给了你怎样的启示呢？

3. 王璐把文姐心爱的绿植碰到地上摔碎了，她却说：“怎么放得这么靠外！这样碰掉了算谁的啊？”王璐这样说对吗？如果你是王璐，你会怎样妥善处理这件事呢？

4. 陈晓去景区游玩，有个地方手机导航查不着。正好旁边有位老人，他向老人问道："哎，到杨家胡同怎么走？"如果你是那位老人，你希望陈晓以何种方式问路？

5. 范晓玲懒得去食堂，就让萌萌帮她从食堂带点儿饭回来，但是她让人带饭总是不给钱，大家都很无奈。萌萌说："哎呀，不好意思，我嗓子疼，吃完饭要去卫生室拿点儿药，不直接回来，不能帮你带饭啊。"你身边是不是也有像范晓玲这样的人？遇到这种情况，你是怎样处理的？

6. 王慧琳收到主管小惠姐的微信，让她周六上午到公司加班。她不想去加班，又找不出合适的理由拒绝，就假装没有收到微信而不予回复。但是，她想"秀"一下刚买的新衣服，就自拍了一张照片并发到朋友圈。你觉得这件事王慧琳怎么处理比较合适呢？

上面这些情境都涉及礼仪修养问题。构建和谐的人际关系离不开良好的礼仪修养。一个人在世界上最好的通行证，就是他的礼仪修养。

那么，什么是礼仪呢?

人际交往中，礼仪是约定俗成的行为方式，用于规范个人的言行举止，同时也用于表达对他人的尊敬友好之意。礼仪是人与人交往乃至社会正常运转的必要条件，是人们在日常社会活动中应共同遵守的行为规范和准则。

小贴士

礼仪的本质

《论语》中说："不学礼，无以立。"意思是不学会礼仪礼貌，就难以安身于社会。

《荀子》中说："人无礼则不立，事无礼则不成，国无礼则不宁。"意思是做人没有礼节就不能生活，做事没有礼节就不能成功，治国没有礼节国家就不能安宁。

"礼"来源于人们发自内心的尊重、友好和关心，具体表现为礼貌和礼节。

"仪"是一个人外在的形象，具体表现为仪容、仪态、仪表等。

"礼貌"是人们在社会生活中相互表达尊重的一种态度。

"礼节"是人们在社会生活中对他人表达态度的仪式。

礼仪既是一种行为规范，也是一种道德规范。它不是一朝一夕形成的，但是礼仪一旦形成，就会对协调人际关系、维系社会正常秩序起着重要的作用。

在人际交往中，礼仪表现为大方的仪容、得体的仪表、规范的仪态、平和的语气、亲切的称呼、诚恳的态度。这些都是对人有礼貌的表现，也体现出一个人道德意识和文化修养的程度。

礼仪的目的是构建和谐美好的人际关系，所以礼仪的重点在于发自内心的尊敬。我们讲究礼仪，不是为了显示自己的优雅与高贵，而是要通过这种方式来表达尊重、友好和关心之意。

但是，并不是所有出自内心尊敬的礼仪，都能带来预期的效果。因为礼仪常常有一些约定俗成的做法，如果做得不对，可能会贻笑大方甚至影响和他人的交往。因此，在人际交往中，除了时刻牢记待人接物要心存礼仪之道外，还必须学习和掌握一些基本的礼仪常识。

一、得体着装

王佳怡和林甜甜是财会专业的学生，毕业后一起应聘到东岳公司财务科工作。上班第一天，两个女孩儿都精心打扮了一下自己，希望给新同事们留下良好印象。

王佳怡穿的是一身大花套裙，配松糕底凉拖；林甜甜穿的是一条吊带裙，这条裙子是她花 500 多元特地为上班买的，算得上是她最贵的一件衣服了。她觉得第一天上班，这么有意义的时刻，就该穿上最好的衣服做个纪念。林甜甜还化了妆，做了一个很前卫的发型。

她们学校的肖东和王有豪也应聘到同一家公司，不过他们是在配件车间工作。第一天上班，肖东和王有豪虽然是男生，但是也非常重视这一天，都穿上了自己最好的衣服。肖东穿了一套西装，还特地打上了领带；王有豪则穿上自己最喜欢的那条破洞牛仔裤和花衬衫。

作为刚踏上工作岗位的新人，王佳怡、林甜甜、肖东、王有豪都十分重视第一天上班这个重要时刻，并以精心的装扮来表达这种重视。

但是，依你之见，这 4 位职场新人上班第一天的着装合适吗？会取得怎样的效果呢？

王佳怡和林甜甜来到财务科向科长报到。

科长是一位30多岁的女性，身着一套深色西装套裙，脚穿中跟黑皮鞋，头发很利落地用一个蝴蝶结束在脑后，化了淡妆，显得十分干练。

她接过王佳怡和林甜甜的报到通知书，认真地看过之后，又上下打量了一下她俩，转身叫过来一个年轻姑娘，对她说道："小宋，你领她俩去见一下科室的同事，顺便给她俩具体说说咱们公司对科室人员的着装以及其他要求吧。"

肖东和王有豪来到车间，找到主任报到。

主任一见他俩，眉头就皱起来了："你俩这是来上班的吗？这都穿的什么衣服啊？！"

肖东有些发愣，不知道如何回答。

王有豪笑着说："盛装啊主任！这是我们最好的衣服！"

主任瞪了他一眼，说道："上班要像个上班的样子！以后别穿成这样了！现在，去领工作服，马上换下来！"

王佳怡和肖东他们穿的衣服有什么不对呢？

难道不是只有穿上我们最贵、最好、最喜欢的衣服，才能表达出我们踏上工作岗位的激动之情吗？职场着装有什么讲究？

科长叫过来的那个姑娘，对王佳怡和林甜甜做了自我介绍。她叫宋婷婷，也是她们学校毕业的，到公司工作两年了。她简单介绍了一下科里的人员情况和工作分工，然后说到了着装问题。她告诉两个新入职的姑娘：一般来说，公（商）务场合着装要求庄重保守。不同职业对服装的要求也不同：教师、公职人员要穿得庄重，不可妖艳；青年学生以朴素大方为宜。

在公司一线车间里，要统一穿工装；公司对行政人员虽没有统一着装的要求，但是公司有个不成文的规定：行政人员着装要稳重大方，不宜太花哨，也不宜太暴露。

小贴士

着装的基本原则

着装体现的是一个人的内在气质和审美品位，应力求使自己的着装与时间、地点、场合以及职业相吻合。

无论何时何地，着装的首要原则就是保持整洁。

再就是应时而变。“时”，一方面是强调着装要讲究时代感，款式和造型应随时代发展的潮流而变化，不宜太超前，也不宜滞后；另一方面是强调要根据季节和昼夜的变化而适时调整，在不同的时间，着装的类别、式样都应有所变化。

同时还要应环境而变。要根据所处环境来选择自己的穿着打扮。什么场合穿什么衣服，要尽量做到与所处环境相协调。

最后，着装要注意入乡随俗。如在国内一般喜事穿红，丧事穿素，如果反过来穿，就是不符合禁忌的。

踏入职场，首先要改变的就是着装习惯和风格。

我们的着装品位，体现了我们的专业化程度、待人接物的方式，也表明了我们对工作和生活的态度。

得体整洁的着装，既是对自己的尊重，也是对别人的尊重。

女士正装的要求

- 衬衫：衬衫应与套装相搭配。颜色不宜太花哨，以纯色、浅色为主，不管是什么质地，都应熨烫平整
- 西服套裙：西服套裙是女性的标准职业着装。一般为黑色、藏蓝色、灰色、暗红色等
- 围巾：围巾颜色应与套裙颜色相呼应。质地以丝绸为佳
- 袜子：穿裙子应当配长筒丝袜或连裤袜，肉色、黑色的丝袜或连裤袜最为常见
- 鞋：一般选经典款皮鞋，鞋跟不宜太高。款式过于新潮的鞋不宜与正装搭配。鞋的颜色最好与衣服下摆一致或再深一些

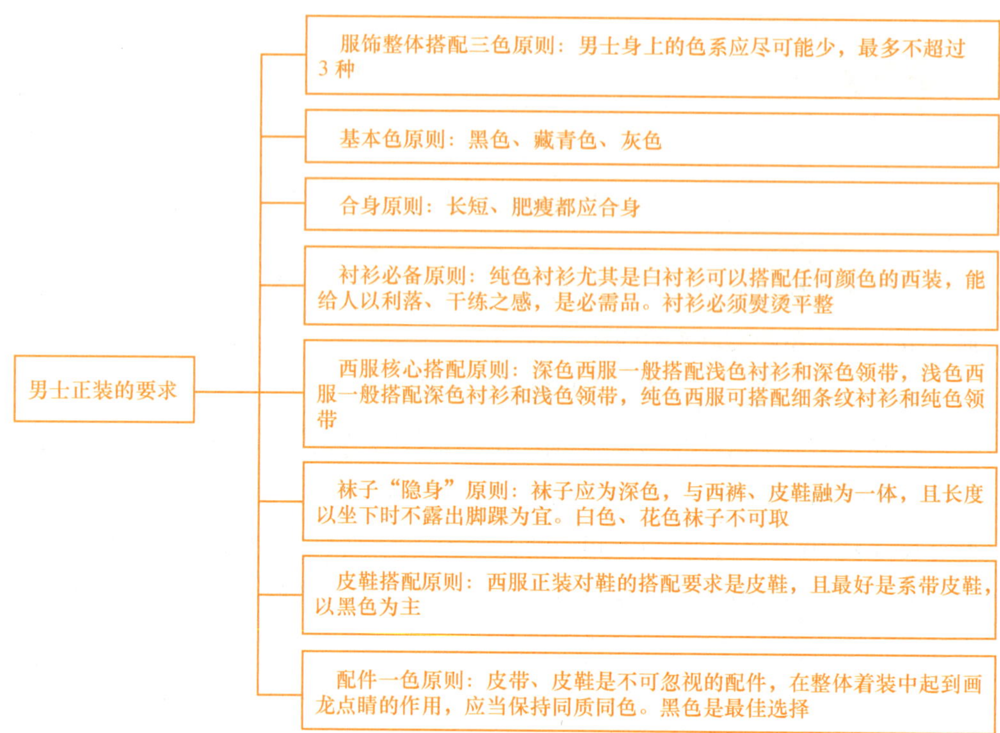

练一练

讨论一下王佳怡他们的着装有什么问题，然后完成下列表格。

人物	着装问题	改进措施
王佳怡		
林甜甜		
肖东		
王有豪		

二、得体妆饰

除了服装，我们还要注意仪容。

仪容方面的要求与着装是一样的，仍是得体、干净、干练。

<table>
<tr><th>细目</th><th colspan="2">仪容</th></tr>
<tr><td rowspan="3">发型</td><td>基本原则</td><td>发型一定要与从事的职业相称</td></tr>
<tr><td>女士</td><td>短发：干练利落的齐耳或齐肩短发，比较适合初入职场的女士
长发：一是要经常洗护，让头发柔顺光亮，不油腻；二是不宜染过于夸张的颜色；三是上班时不宜披散头发，可用发带将头发束起来或者盘起来
无论是长发还是短发，与人说话时，一定不要不停地抚弄头发，那样会给人一种搔首弄姿、比较轻佻的感觉</td></tr>
<tr><td>男士</td><td>男士的发型要长短适宜，不宜染过于夸张的颜色。注意经常洗头，保持整洁干净</td></tr>
<tr><td rowspan="3">妆容</td><td>基本原则</td><td>职场中的妆容关键在于得体，不加修饰和过于修饰都是不恰当的</td></tr>
<tr><td>女士</td><td>女士可以化淡妆，以展现秀丽、典雅、干练、稳重的形象
女士职场妆容禁忌：过浓的眼线、平直粗黑的一字眉、烟熏妆、过于红艳的唇彩，以及夸张醒目的配饰</td></tr>
<tr><td>男士</td><td>男士要注意面部清洁，保持干净清爽，每天剃净胡茬，不要留胡须</td></tr>
<tr><td>指甲</td><td>基本原则</td><td>无论是男士还是女士，剪短指甲，保持两手的干净整洁，都是基本礼仪规范。女士涂过于鲜艳的指甲油或戴过于夸张的美甲贴片，男士留长指甲（哪怕只有小拇指留着长指甲），都会给人带来不雅、不适的感觉，对形象造成不好的影响</td></tr>
</table>

三、有效交谈

说话人人都会，但要说好并不容易。有不少同学说，自己没什么心眼儿，不会说话，在不经意间总爱得罪人。其实，会说话并不是让你伶牙俐齿、能言善辩，更不是花言巧语。会说话的人不一定说得多。与着装一样，说话也要得体、恰当。

（一）自我介绍

王佳怡和林甜甜第一天上班，学姐宋婷婷带她们去见科室的同事。宋婷婷向大家介绍说："这是今年刚到咱们科的两位新同事。"又转向她俩："你们向大家做个自我介绍吧。谁先来？"

王佳怡和林甜甜互相看了一下，林甜甜说："我先来！"

林甜甜向大家招了一下手，笑着大声说："大家好！我是林甜甜——树林的林，甜蜜的甜。我的同学和老师都叫我甜甜，大家也可以这样叫我。"

王佳怡给大家鞠了个躬，她的声音不大，但是很清晰，她说："各位前辈好！我是王佳怡，我和林甜甜是同学，都来自××技师学院。特别高兴到咱们公司工作，请多关照！"

在生活和工作中我们常常需要做自我介绍。

很多人都有一个共同的感受：在熟悉的人面前讲话可以滔滔不绝，但见了陌生人就手足无措，不知道说什么。你是不是也有这样的问题呢？其实，大家都是一样的。你还记得刚入学的情形吗？那时候，你跟同学初次相见是不是很拘谨？但是没过多久，大家就逐渐熟悉了。

有人说过这样一句话："这个世界上没有陌生的人，只有还没有来得及认识的朋友。"

很多时候，我们从彼此生疏到成为朋友或合作伙伴，中间就差一个好的自我介绍。

自我介绍是与陌生人建立关系、打开局面的一种非常重要的手段，我们在入学、面试、入职、参加公（商）务活动时，常需要做自我介绍，甚至有时候在旅途中遇到说话投缘的旅伴，彼此可能也会需要做个自我介绍。

自我介绍做得好，可以让对方很快认识甚至认可我们，可见它有多么重要。

怎样做好自我介绍呢？

自我介绍注意事项

在没有人引荐的情况下，如果我们想给别人留下好印象，适时而恰当的自我介绍是必要的。自我介绍时应注意：

1. 抓住时机。对方有空时，或者与对方目光相遇时，可以上前问候，并进行自我介绍。自我介绍要简洁，为了节省时间，可以同时递上名片。

2. 注意仪态。对有名望者，言辞宜谦恭而真诚，但不可卑躬屈膝、唯唯诺诺；对不明身份者，要亲切自然、彬彬有礼，切忌以貌取人，更不可倨傲自负、轻浮夸张。说话时要语气自然、语速适中、语音清晰。

3. 讲究方式。可以提前准备好几套自我介绍的方案，根据交谈对象的不同选择恰当的方案，确保给对方留下深刻印象。

4. 遵守次序。一般来说，与职务高的人一起，由职务低者先做自我介绍；与年长者一起，由年轻者先做自我介绍；与女士在一起，由男士先做自我介绍。

自我介绍方法

1. 正式介绍法。主要适用于公（商）务活动。要注意 4 个要素：姓名、单位、部门、职务。格式是：我是谁，来自哪个单位，在哪个部门，主要负责什么事情。

2. 幽默介绍法。主要适用于一些非正式的社交活动。这种风格的自我介绍强调风趣幽默，让人听后感到轻松愉快、印象深刻。幽默介绍法的诀窍是要有一个自己拿手的幽默小段子，让场面轻松起来。

3. 自然联系法。适用于任何活动。方法是把自己的某个特点与当下活动或某个名人等联系起来，妙在自然贴切又出人意料。

4. 平台衬托法。适用于代表公司出席的活动。这种情况下的介绍要弱化自己，突出公司。方法是先介绍公司：自己所在的公司是什么样的公司，公司在哪些方面领先或有优势；再点明自己在公司担任的职务或负责的工作。

说一说

王佳怡和林甜甜的自我介绍，可以给我们提供哪些借鉴呢？

（二）请托

上班第一天报到后，科长递给王佳怡和林甜甜每人一份文件，让她们分别送到后勤保障部和项目研发部。

接到文件，王佳怡和林甜甜都有些发愣。

林甜甜问："科长，送给谁？"

王佳怡问："科长，这个文件是送给他们的部长吗？"

科长"嗯"了一声。

后勤保障部和项目研发部在哪里呢？王佳怡很想再问，但看到科长已经转身做事了，就拉住了刚想张口的林甜甜，走出了办公室。

王佳怡和林甜甜该怎样完成科长交代的这个任务呢？

在日常生活和工作中，我们经常会遇到一些需要请求别人帮助的问题。

就像王佳怡和林甜甜遇到的问题：刚到公司上班，还摸不清门道，现在要送一份文件给别的部门领导。那些部门在哪里？王佳怡和林甜甜该如何完成上班后接到的第一个任务呢？

当然是询问。

问题来了：问谁？怎么问？

首先，可以问同一办公室的同事。老员工熟悉公司各部门所在位置，如果请教这个问题，他们一般不会拒绝。

其次，可以“问”指示牌。一般大厦都会在一楼设置楼层索引，标明每一楼层的部门。来报到的时候，王佳怡就是通过楼层索引的指示，找到财务科的。

最后，还可以问门卫。来报到的时候，林甜甜就是通过求助门卫，得到了详细的指引，顺利找到财务科的。

向他人请求帮助时，一定要注意用语的礼貌。切记不能用“哎”来称呼不知名字的陌生人。无论别人是否解答了我们的问题，问毕都要诚恳致谢。

林甜甜嘴甜，见了男生叫哥，见了女生叫姐。就连她们那个严肃的科长，也被她左一个姐、右一个姐叫得脸色和缓了许多。

王佳怡明礼，见人先问好，问完了一定会说“打扰了”“谢谢您”这样的话。

所以，她俩入职的第一天，就顺利完成了接到的第一个工作任务，把文件分别送到了后勤保障部和项目研发部。

小贴士

请托的方法

当我们向他人提出某个具体请求，比如请人让路、打断对方的交谈，或者请求别人予以帮助时，应该使用请托语。

请托语是一种礼貌用语，主要有3种类型：

1. 标准式请托语，即我们在向别人提出具体请求时，加上一个“请”字。例如，“请稍候”“请让一下”等。

2. 求助式请托语，如“劳驾”“打扰一下”“拜托”等。

3. 组合式请托语。有些时候，我们可以根据情况，将以上两种请托语组合在一起使用。例如，“请您帮一下忙”“麻烦您帮我看看这个计划”“打扰您了，我要去晨光小区，该怎样走？”

（三）拒绝

肖东在东岳公司做焊接工，他的姑妈听说后，想找他帮忙焊一个花架。肖东小时候常去姑妈家玩儿，姑妈一直对他挺好。现在姑妈提出这样一个要求，令肖东很为难。因为公司规定，员工不可以在公司干私活，一旦发现有违规的，将视情节轻重给予相应处罚。如果情节严重，员工不但会被扣工资，而且有可能被开除。

肖东遇到的难题可能有点儿特殊，但我们的确常常会遇到一些让我们无法应允的事情。比如，正忙得焦头烂额的时候，有同事找我们帮忙做事；我们刚发了工资，好朋友就提出借钱；忙了一个星期，好不容易到周末了，想一个人放松一下，再学习学习专业知识，给自己充充电，可是好朋友约我们去逛街……这些事情都不是我们想应允的，但是我们有顾忌，不便直接拒绝，怕拒绝后得罪同事、失去朋友，所以内心感到纠结。

这时候，我们要学会委婉而坚定地拒绝对方。

但拒绝别人是个技术活儿，需要掌握拒绝的方法和策略。

肖东是这样解决姑妈的问题的：

听了姑妈提出的要求后，他没有明确表态，而是问姑妈要花架干什么。姑妈告诉他，自己退休后没什么事儿，在家养花怡情。现在花养得多了，阳台摆不下，就想用花架把花“立体”起来。肖东说：“是这样啊，这事儿好办。等我休班，上您那儿量一下阳台大小，给您找人加工个漂亮的！”姑妈说：“我寻思着你就干这个工作，随手做一个就行了，怎么还用那么费事找人加工呢？”肖东解释道：“我们公司有规定，不能做私活，被发现了不但会被罚款，还可能被开除呢！”姑妈一听，赶忙说：“那别做了！我自己找人到家量一下，加工一个吧！”

拒绝的话不要说得过于生硬，要顾及对方的感受，特别是当对方在这件事上抱有很大希望的时候，我们更不要断然拒绝。

当对方发出善意的请求时，拒绝别人，要找到合适且真实的理由。如果随便找一个借口，不仅不礼貌，还会使对方有受辱感，进而影响大家的关系。

肖东在拒绝姑妈时，没有把公司的规定搬出来直接说不行，而是先了解姑妈真正想解决的问题是什么，通过提出另一个解决方案，让姑妈知道他的态度是友好而真诚的。这样做，既委婉又合理，姑妈接受了他提出的方案，问题也得到了解决。

小贴士

怎样委婉地拒绝别人？

1. 给出合理而客观的拒绝理由。告诉对方，我们不能帮他，是因为我们有不得已的苦衷。比如，领导安排的限时任务，我们现在还没完成，没有时间做别的事情；我们早就答应爸妈，这个月工资给他们买什么，所以不能挪用；我们深感工作的压力太大，还有好多业务上的东西要学，下周就要进行业务考核；等等。诉说苦衷，可以赢得同情，减轻对方因遭到拒绝而产生的不快。

2. 拒绝之后给出解决方案。当别人向我们提出请求时，我们可以拒绝，但不要简单地以没有时间为由直截了当地拒绝别人，可以帮他想个其他的解决办法。这样，即使我们没有答应他的请求，他也能感受到我们的诚意。

3. 使用委婉而坚定的语气，表达要清楚。如果我们觉得不好意思拒绝，说话时闪烁其词、含含糊糊，请求者就会觉得我们能帮而不帮，会因此对我们心生怨意。另外，过多的解释也会让请求者觉得我们没有诚意。

4. 无论是当面还是在电话中，拒绝的时候都要面带歉意地微笑。要知道，我们说话的态度即使在电话里也是可以听出来的。

练一练

假如你遇到下列情形，会怎样应对？

1. 公司同事阿森家里突然有事，请假一段时间。经理派你接手阿森的一项业务，去拜访一个客户。你之前从未接触过这个客户，现在要独自去拜访。你该怎样跟客户介绍自己？

2. 临近下班时，部长突然让你起草一份策划案，并要求下班时交稿。正在这时，同一办公室的文姐过来找你，说她的电脑不知什么原因突然死机了，请你帮她看看。你该怎样拒绝文姐？

3. 肖东遇到了一个技术性问题，去找焊接高手阿正师傅请教。但是阿正师傅正忙着，顾不上理肖东。如果你是肖东，你会怎么办？

（四）致谢

很多时候，我们感受到别人的善意，得到别人的帮助，这让我们倍感温暖，对生活和工作充满期待。同样，我们也要传递出我们的善意，力所能及地帮助别人。

对别人的善意和帮助，我们要及时地表示感谢。

如何表达对别人的谢意呢？

我们看看王有豪的做法吧。

王有豪是大川师傅的徒弟。

大川师傅是个很随和的人，从来不支使徒弟为自己做什么，反而经常叫王有豪到家里去吃饭。

王有豪觉得大川是自己的师傅，对徒弟好是应该的，自己作为徒弟也不用客气。所以，每次到师傅家吃饭，一点儿都不拘束，放开肚皮，吃得非常过瘾。临走的时候，跟师傅和师娘咧嘴一笑，就算完事儿——他知道师傅和师娘对他好，也知道应该向师傅和师娘道谢，但是又觉得都是自己人，太客气了反而显得见外。

虽说师徒之间相处久了，会有一种不是家人胜似家人的亲情，但这并不等于说，师傅和师娘对徒弟好就是天经地义，徒弟就可以大大咧咧，把师傅和师娘的善意视为理所当然，心安理得地接受，连句感谢的话都没有。王有豪这样做有失妥当。

虽然表达感激之情并不是什么太难的事情，然而，有些人却不知道该如何开口，只好选择沉默；还有些人虽然向别人连连致谢，却让被感谢的人十分不自在。要表达好谢意，除了真诚，还要讲究一些

“技巧”。

再看看王佳怡是怎样表达感谢的。

王佳怡做的报表里错录了一组数字，被她的主管宋婷婷审核出来了。王佳怡吓出一身汗，知道自己差点儿闯祸，于是赶紧加班重做，做好后又反复核对了好几遍，直到确认无误后才交给宋婷婷。宋婷婷告诫她：“我们公司是一家大企业，动辄有几百万元、几千万元甚至上亿元的现金流，这对财务人员的严谨性提出了更高的要求。财务人员要有本能的‘怀疑精神’，无论是对自我加工的数据还是对外来的数据，都要多复核、多思考，发现异常不可不管不问。”

听完宋婷婷的告诫之后，王佳怡非常感激，她觉得自己能遇上这样一个主管，真是非常幸运，所以由衷地对宋婷婷说道：“谢谢婷姐！我记住了，以后一定小心谨慎，绝不再犯这样的错误了。”

刚巧几天之后是宋婷婷的生日，王佳怡知道宋婷婷特别喜欢花，就去花店订了一束鲜花，还在留言卡上写下自己的感激：感谢有您做我的引路人。祝生日快乐！

小贴士

表达谢意的方法

1. 致谢要真诚。要表达的感激应当是发自内心的，一定要真诚。

2. 要直视对方。在双方互相注视的时候，交流通常比较容易进行。所以，表达感激的时候，最好专注地看着对方，以显得真挚。

3. 感谢要有具体所指。与其空泛地说“谢谢”，不如具体说出我们感谢对方的原因，如“今天真的非常感谢您为我提出这么好的修改意见”“如果不是您出手相助，我一定无法赶上最后那班车了”。

4. 表示要回报对方。很多时候，别人帮助我们并不是为了我们的回报，即便他们需要我们的帮助，有时也不好意思开口。但别人帮了我们，我们就要铭记在心，当他们需要帮助的时候，及时给予回报。所以，在说“谢谢”的时候，不妨表达一下回报之意，如“特别感谢您这样帮我！以后有我能帮上忙的地方，敬请开口”。

5. 送适宜的礼物。有时，我们在口头表达谢意的同时，可以送一份适宜的礼物，并附上一张便条，写上感激的话。礼物不必太贵重，只要能恰当地表达出我们的谢意就可以了。

（五）致歉

五一放假，同城的几个同学下班后都聚到肖东和王有豪这里。肖东和王有豪特别高兴，买了很多好吃的，大家就在他们合租的屋子里边吃边聊天。趁着高兴，王有豪给大家表演自己新学的街舞，同学们又是鼓掌又是喝彩。年轻人嗓门高，声音从窗户传出去，吵到了楼下的曹阿姨。曹阿姨身体不好，睡得早。被他们吵醒后，发现已是深夜，忍不住上来找他们。王有豪觉得他们是在自己家，想干什么就干什么，别人管不着，对曹阿姨的指责不以为然。曹阿姨越发生气，就跟王有豪他们吵起来了。肖东听到他们吵起来，出来一问这才意识到大家扰民了，于是赶紧劝住大家，并向曹阿姨赔不是。曹阿姨回去后一晚上都没有睡着，第二天血压升高，头疼得受不了，就去医院看病，最后住院了。

肖东听说后，觉得应该去看望曹阿姨并向她道歉。王有豪却认为曹阿姨昨晚上来找他们时，肖东已经道过歉了，现在住院是因为她身体本来就不好，与他们无关，所以不用去看望。

在日常生活和工作中，我们常会因为各种原因打扰到别人或给别人带来麻烦、造成不便甚至是一定的伤害。这时候，我们需要向对方及时而诚恳地道歉。

有的人以为道歉就是跟别人说声“对不起”。其实，并不是所有的事情说句“对不起”就可以了。

如果在超市我们的购物车不小心碰到了别人，或者我们不小心踩了别人的脚，遇到诸如此类的事情时，若我们马上用充满歉意的态度说一声“不好意思”“对不起”，对方一般都会接受我们的道歉并表示谅解。

但有些时候，我们可能对别人造成比较大的影响，甚至是伤害，这时候就需要更加认真和诚恳的道歉了。

就拿曹阿姨住院这件事来说，无论曹阿姨住院是不是因为被吵得没有休息好所致，肖东他们大晚上开着窗、大声喧哗，打扰了邻居们的正常休息，本身就是不妥的。所以，道歉是必须的。

曹阿姨住院，肖东打算去医院看望她，然后向她道歉，这个时机也是很合适的。那么，肖东是怎样做的呢？

肖东买了一些水果和一束鲜花，打听着找到了曹阿姨住的病房。他进去时，曹阿姨正在输液，曹阿姨的爱人坐在旁边陪护。肖东轻轻走过去，向曹阿姨的爱人打了个招呼，问道：“叔叔好！曹阿姨现在怎么样了？不要紧吧？”听到说话声，曹阿姨睁开眼睛，有些意外地看着肖东，说：“小伙子，你怎么来了？”肖东放下东西，向她鞠了一个躬，很不好意思地说：“阿姨，我来看看您。昨晚我们没有注意，光顾着自己高兴，没想到吵到您，您来提醒我们，我们还不懂事，跟您吵了起来，让您上火生气了！是我们不对，对不起！我们错了！以后我们一定会注意，再也不犯这种错误了！您别生气了，好好保重身体，祝您早日康复！”

请分析一下肖东的道歉有哪些值得我们学习的地方。

小贴士

有效道歉应注意的问题

1. 承认错误而非解释。承认自己的所作所为带来的后果，考虑一下自己到底在哪里出了错，给他人带来怎样的伤害，不要给自己找借口。清楚地认识到错误并做有针对性的道歉，效果会更好。一个好的道歉应该体现 3 个要素：认错、悔恨和担当责任。

2. 用语要简洁、直接，不可支支吾吾甚至避重就轻、投机取巧。要真心为对方着想，让对方感受到我们的诚意，我们的道歉也就更容易被对方接受了。

3. 选择恰当的方式。虽然说当面表达歉意是很好的选择，但还是有不少人羞于认错，通过其他一些有诚意的方式，也可以传递出真诚道歉的意思。例如，写一封邮件或微信留言，送一个小礼物等。

练一练

你的好友张硕今天调休，他一个人闲着没事儿，就坐车从城西到城东你的公司来找你玩儿。他到来时，你正在跟客户谈事情，而且公司也不允许员工工作时间私见朋友。你抱怨张硕来之前不给你电话，搞得你这样被动。张硕说：“算了，你忙吧，我自己去看电影吧。”事后你觉得很歉疚，想跟张硕发微信致歉，你该怎样说？

（六）网络交流

马亮在一次博览会上认识了艾迪公司的冯总，两人互换了名片。马亮把冯总的电话存到了手机上，发现冯总的手机号也是微信号，就给冯总发了一条短信，告知对方自己希望加好友的意愿：冯总您好！我是九易公司的马亮，上次在博览会上有幸相识。这是我的手机号，敬请惠存，以便联系。另，我申请加您微信，敬请准允。谢谢！

他的好友申请很快得到通过。

从广义角度看，网络交流也是一种交谈。

很多人已经习惯于在网上购物、交友、查询各种资讯，我们生活工作方方面面都离不开网络。

下面，我们以微信为例，看看网络人际交往有哪些需要注意的问题。

1. 加人微信要先询问

并不是每个人都愿意加不熟的人为微信好友的，所以加人微信之前，我们要征询一下对方意见，不要勉强。这一点马亮就做得很好。加了微信之后，我们要及时做一下自我介绍，以方便对方给我们备注和分组。成为好友后，我们还要注意与对方互动，增进了解，加深印象。

2. 及时回复

及时回复消息是基本礼节。如果不能或没能及时回复，我们要加以说明并致歉。

3. 注意用词和语法规范

不管对方是否认识自己，我们都要像在现实中与对方交谈一般，尊重对方的人格，注意用语文明。在交流时快速打字难免会出现各种错字或语病，在点击发送消息之前确认无误再发送会更稳妥一些。尤其是在进行业务交流时，尽可能一件事发一条消息。

4. 能发文字时尽量不要发语音

可能我们觉得发语音比较便利，但那只是我们的便利，对方不一定方便收听。最好在发语音或拨打语音电话之前，征询一下对方意见，不要不由分说就发一堆语音或拨打语音聊天电话。另外，涉及工作或者其他重要且复杂的事项，发文字更妥当些，这样方便对方了解重点及回看，也利于我们在编发前整理思路，搞清楚自己到底想说什么，以及希望得到怎样的回复。

5. 使用表情符号和语气词要适度

适当的表情符号，可以更直观地表达自己的情绪，也能释放出我们的善意和愿意与对方沟通互动的心意，活跃聊天气氛，让人产生亲近感。但发表情包要适度，不要刷屏，还要注意得体、符合语境。

练一练

1. 马亮他们公司新研发了好几款中医机器人，投放市场后，用户反响不错。作为营销人员，马亮觉得有必要让朋友圈的人都知道。所以，他把公司产品和用户使用情况编发成消息，每天在朋友圈滚动推送，最多的一天，他一共推送了6次！冯总给他微信留言道："呵呵，小伙子，用力真猛啊！"马亮这样做有什么问题吗？冯总的留言有什么言外之意？你是怎样理解的？如果你是马亮，你应该怎样做？

2. 王有豪在朋友圈看到同学景帅发消息说，他们的学弟陈梓被其他学校的人打伤了。景帅还发了一张陈梓嘴角流血倒在地上，旁边站着一个大个子男生的图片。在这则消息下方有不少声讨这一校园暴力的评论，王有豪看完消息后也怒不可遏，就留言大骂了一通，还提议大伙一块儿去"人肉"那个家伙，把他的信息都挂到互联网上，让全网的人都骂他，为小学弟报仇。王有豪这样做有什么不妥？会给自己和他人带来什么不良影响吗？假如你是王有豪，你会如何发表评论？

四、握手礼仪

王佳怡去项目管理部送文件，项目管理部赵部长正好在办公室。王佳怡说："您好赵部长！我是财务科新来的实习生王佳怡。我们科长让我把这份文件送给您。请您签收。"

赵部长听了之后，站起来，伸出手，说："小王，欢迎你到我们公司工作！"

王佳怡刚想把文件递过去，发现赵部长要跟自己握手，于是忙收回文件，慌乱地握了一下赵部长的手，放下文件就要走。

握手是人际交往中常用的礼节，但是，我们真的会握手吗？

要知道，初次见面，虽然还没说话，但从握手的位置、力量、时间，以及握手时的眼神、表情，就可以反映出一个人的修养和态度。

握手的关键是把握好时机、顺序、方式等。

时机

何时行握手礼通常取决于交往双方的关系、现场气氛，以及当事人的心情等多种因素。必须握手的情况一般是：遇到长时间未见面的熟人时；在比较正式的场合与相识的人道别时；拜访他人之后，在辞行时；被介绍给不相识者时；向他人表示恭喜祝贺时。关系亲密的可边握手边问候，时间可长一些；初次见面的，则应听完介绍之后轻轻相握，握一下即可

方式

标准的握手姿势：与对方距离约一步远，两足立正，上身稍向前倾，头微低，伸出右手，双目注视对方，面带微笑，稍用力握住对方手掌，时间不宜超过3秒。注意力度要合适

顺序

握手的顺序：应由主人、年长者、职位高者、女士先伸手；客人、年轻者、职位低者、男士见面时应先问候，待对方伸手再握。同级、同辈见面时双方伸手不分先后

王佳怡因为没想到赵部长会主动跟她握手，没有心理准备，所以很慌乱，显得手足无措。虽然按照握手的礼仪来说，在一般社交场合中，男士与女士握手，应由女士先伸手，但在工作场景中，还是强调由职位高者先伸手。现在是在公司，赵部长主动伸手握手，王佳怡应放下文件，上前一步握住赵部长的手，同时微微低头，问候一声，然后退到原来的位置，递上文件。

小贴士

与人握手应注意的问题

1. 注意时长和力度。一般情况下握一下即可，不要太用力；男士与女士握手时，用力要轻一些，时间要短一些，一般应握女士的手指，切忌长时间握住不放；与久别重逢的朋友、熟人、老客户握手时力度可大一些、时间可长一些。

2. 避免无礼举止。握手时不可漫不经心、东张西望；女士若不打算握手，可欠身致意，或点头微笑，不能置之不理，或扭头他顾；不可用湿手或脏手与人握手；握手前要脱帽和摘手套，如实在来不及脱手套，或正在工作来不及洗手，要向对方表示歉意；正常情况下，不可坐着与人握手；不要几个人交叉握手，或者跨门槛握手。

练一练

与你的同桌分别扮演不同角色，进行握手练习。

了解、掌握并恰当地应用礼仪知识，有助于我们完善和维护自己的形象，让我们在生活和工作中更得体地处理好人际关系。

以上所介绍的只是生活或职场礼仪的一部分，还有很多内容需要我们在生活和工作中处处留意，不断学习和提高。

课后练习

1. 总结一下，本课介绍了哪几种交谈方式？各有什么值得注意的地方？与小组的伙伴们一起把要点概括出来，做成思维导图。

2. 阅读下列案例，按要求给出答案。

（1）财务科规定每个人都要在部门业务研究会上做一次主讲。下周轮到王佳怡，可是她一点儿思路也没有，心里十分发愁。同事小健上次讲得非常精彩，王佳怡想请小健给自己一点建议。

她应该怎样跟小健表达自己的请求呢？______________________________

____

小健正在赶制公司本季度报表，忙得顾不上抬头，听了王佳怡的话，他该怎样说呢？

____

听了小健的话，王佳怡该怎样说？______________________________

或者王佳怡还可以怎样做？______________________________

____

（2）阿森负责的一个项目进行到关键时刻，近期有一些重要数据需要跟对方核实，但他突然有事需要请假一段时间，经理让张昊接手这件事。张昊决定先打电话给对方项目负责人王经理，和他约个时间前去拜访，同时请他核对数据。

张昊该怎样给王经理打这个电话？请帮张昊设计 3 句话，表达出他的意图。

____

____

____

王经理接到电话后告诉张昊，自己正在出差，一周后才能回来。张昊想加王经理微信，把相关文件发给他。刚好王经理微信号与手机号同号，于是张昊就直接申请加王经理微信。

张昊这样做对吗？你觉得应该怎样做更合适一点儿呢？

____

____

王经理回来了，张昊前去拜访他。不巧突然下起大雨，张昊的车在半路上出了故障，他在雨中忙活了半天也没有让车重新发动起来，只好打电话让汽修厂将车拖走。张昊眼看约定的时间已到，而自己却无法按时到达。

这时张昊应该怎么办呢？

____

为了不耽误时间，张昊顾不上更换淋湿的衣服，打车赶到王经理的公司。王经理见到他淋成这样还赶过来，很感动，于是一边站起来，一边伸出手要跟他握手。张昊的手被雨淋得湿漉漉的，他应该跟王经理握手吗？为什么？他怎样做比较得体？

____

____

3. 请与你们小组的伙伴们一起，将上面的案例分角色表演出来，并拍成视频，时长不超过 10 分钟。

第二课　敲开人际关系的大门

学习目标

1. 能够认识到人际交往中“首因效应”的重要性。

2. 能够树立正确的理念，运用妥当的方法给他人留下良好的第一印象，初步建立良好的人际关系。

翻转课堂

本课导读

敲开人际关系的大门

- 不可忽视的第一印象
- 顺利打开人际关系大门
  - 具备良好的自我修养
  - 找准角色定位
  - 展现得体举止
  - 主动问好
  - 记住别人的名字
  - 做积极的倾听者
  - 朋友互助，打破社交圈壁垒

一、思考

1. 与人初次交往时，有的人给他人留下了良好的第一印象，有的人则恰好相反。在你与人交往的经历中，他人给你留下良好第一印象的原因有哪些？那个让你第一印象不佳的人，又是因为什么？

2. 有哪些方法可以帮助我们给人留下良好的第一印象？

3. 你觉得自己在与人初次接触时，给人留下的印象一般是怎样的呢？有哪些需要改进的地方？

二、简析

1. 公司组织技工大赛，由“金牌技师”阿正师傅担任裁判，胜出者有可能入选阿正师傅的团队，所以每个参赛者都非常重视。这些参赛者中有不少是公司的技术骨干，业务能力非常棒。阿正师傅注意到一位新入职的年轻人。这位年轻人在众多资历比自己老许多的选手中稍显稚嫩，但他并没有紧张不安。虽然比赛中遇到了一个突发情况，导致他比别人落后了一些，但他仍然不急不躁，保持自己的节奏完成了全部比赛内容。单纯从比赛结果看，他的成绩不算突出，但阿正师傅却看好他，最终将他选入自己的技术攻关团队，并表示要亲自带这个年轻人。

这个年轻人就是肖东。

请阅读本课，结合相关知识点分析一下：肖东给阿正师傅留下了怎样的第一印象？阿正师傅选中肖东的原因是什么？

2. 于晓飞是学酒店管理专业的，毕业实习时，他与同学们一起来到某酒店实习。到达酒店的第一天，相关负责人给大家安排实习岗位时，于晓飞告诉负责人应该让自己当“领班”，他觉得自己在学校时担任学生会干部，只有当“领班”，才能更好地发挥自己的能力和水平。

你认为于晓飞的要求合理吗？为什么？

3. 杨子萱去见公司的一位新客户。杨子萱早晨出门的时候收到好友米娜的微信，米娜说今天出差路过她这里，有可能会来看看她。杨子萱非常高兴，但又担心手机静音会听不到米娜的电话，跟客户交谈的时候不时拿出手机“瞄”两眼，客户问她问题时，有好几次她都没有听清，显得心神不宁。客户很不高兴地说：“看来你们公司诚意有限啊！这次合作先缓一缓再说吧。”

客户为什么会认为杨子萱他们公司诚意有限？杨子萱的做法有什么问题吗？

如果你是杨子萱，你会怎样处理这件事？

一、不可忽视的第一印象

晓华是个性格大大咧咧的姑娘，不久前她应聘到天马社区担任工作人员。为了更快了解辖区居民情况，她决定挨家挨户走访一下。没想到刚到第一户，就吃了闭门羹。

原来，晓华来到第一户人家门口，先轻轻敲了几下门，没人应门。她怕里面的人听不见，就握着拳头“咚咚咚”地使劲儿敲了十几下。

这家业主是两位老人，晓华第一次敲门他们的确没有听到。后面这次敲门声让两位老人吓了一跳，李爷爷透过门镜观察了一下，发现外面站着一个年轻姑娘，嘴里还嚼着口香糖。虽然这个姑娘笑嘻嘻的，自我介绍说是社区工作人员，李爷爷却怎么也不相信，认定她不是好人。因为在李爷爷的心目中，社区工作人员都态度亲切、举止文明，绝对不会嚼着口香糖一副“痞样”，更不会这样用拳头不停地砸门。所以，他不但坚决不开门，还很严肃地警告晓华：“赶紧走开，不然我就要报警了！”

和晓华合租房子的黄芳在一家房地产公司做销售工作，黄芳和晓华不同，她很清楚得体的外表会给人留下好的印象，因而总会把自己收拾得干净利落。一次，一位客户过来看楼盘，黄芳一眼看出是位大客户，便打起精神耐心接待。过了一会儿，一位一脸茫然的路人走到黄芳身边，向她打听附近商场怎么去，黄芳怕大客户离开，顿时心火直窜，语气生硬地对路人说：“不知道，不知道！”当黄芳迅速调整好表情，准备跟那位大客户接着交谈时，对方的眼神里透着一丝异样。

我们都知道，与人交往一定要注意给人留下良好的第一印象，第一印象在人际交往中有着不可忽视的重要意义。在初次交往时，人们往往通过性别、年龄、体态、动作、谈吐、表情，以及衣着打扮等因素，来判断一个人值不值得交往。

首因效应

第一次交往时我们给对方留下的印象，会在对方的头脑中占据主导地位，这种现象在心理学上称为“首因效应”。

心理学家研究发现，人们常常在几十秒甚至几秒的时间里就会形成对一个人的第一印象。也就是说，在这样短暂的时间内，我们在别人心目中就已经有了定论。这些印象的取得，首先来自外表，包括体型、服饰、发型，以及行为举止、形象气质等。

虽然以貌取人带有很大的片面性，第一印象也未必准确，但不可否认的是，人们的确会更喜欢那些看上去比较顺眼的人，并愿意与他们交往。人们常常会因为一个眼神或一种装束对一个人心生厌恶，也可能会因为一个表情或一句话对一个人产生好感。

同时，无论我们愿意与否，都无法阻止别人对我们的仪容仪表、穿着打扮、说话方式、处事态度进行评判，并据此形成对我们的第一印象。

一般来说，一个人的内在素养或其他个性特征，的确能通过以上各个方面得到一定程度的反映和表现。

李爷爷之所以不相信晓华是社区工作人员，还把她当成了坏人，就是因为在他的印象中，社区工作人员的文明素质都很高，不会一边嚼着口香糖一边用拳头不停地砸门，所以他认定晓华不是好人。

晓华肯定想不到，自己大大咧咧的举动，会给李爷爷留下这样糟糕的第一印象。

而打扮得体的黄芳给客户留下的印象就是良好的吗？黄芳面对和自己有直接利益关系的客户时充满耐心、侃侃而谈；而当她碰到“干扰”她谈生意的路人时，便不耐烦地赶紧把人打发走。虽然路人不是她此时谈生意的对象，但这种过于功利的做法恐怕也会给旁观的客户留下势利眼的感觉吧。

或许晓华和黄芳更想不到的是，在某些特定情境下，第一印象一旦形成就会先入为主，在人们的头脑中占据主导地位，很难改变。

良好的第一印象是继续交往的基础，也是我们取信于人的出发点。如果是在应聘面试中，面试官对我们的第一印象往往直接决定了我们能否得到这份工作。只有给人留下良好的第一印象，才有可能开始下一步。因为大多数人没有时间和兴趣，在一个不好的第一印象基础上，去进一步深入了解一个人。

良好的第一印象可能为我们开启一种崭新的生活；而糟糕的第一印象则可能让我们失去潜在的合作机会，从而错过人生的很多精彩。

因此，必须高度重视人际交往中的初次交往，给对方留下良好的第一印象，从而敲开人际关系的大门。

影响第一印象的主要因素

第一印象的形成，除了一般性的影响因素，如年龄、性别、职业等之外，有人用“一看”“一听”“一交谈”来概括第一印象的其他影响因素。

“一看”。看的是外表。外表由相貌、体型、发型、姿态、表情、着装等构成。在第一印象的形成中，外表占了一半以上的比重，有着非常重要的作用。

“一听”。听的是语调、语气、语速等。

“一交谈”。这里说的是交谈的质量，包括说话的内容是不是有趣、语言是不是幽默、态度是不是诚恳等。这个因素会直接影响到双方今后持续交往的质量，不可忽视。

不过，无论是外表、声音还是谈吐，说到底，都是自我修养的自然流露。毕竟，一个人自我修养的真实状况是怎么装扮也装扮不出来的。

总之，与人交往时，要想给人留下良好的第一印象并顺利通关，就要运用好首因效应，内修人品，外学技巧，得体展示。

二、顺利打开人际关系大门

（一）具备良好的自我修养

王佳怡和林甜甜第一次见到宋婷婷，就认定宋婷婷是个值得信赖的人，对她产生了深深的好感。

王佳怡和林甜甜上班第一天时，就因为着装不当遭到主管王科长的批评。王科长让宋婷婷带她们去见科室的同事。“大家一定会笑话自己的这身打扮吧？”想到这一点，她俩都很发愁，可是不知该怎么解决这个问题。

宋婷婷微笑着打量了她俩一眼，轻轻地说：“跟我来。”宋婷婷带她们来到旁边的资料室，打开一个柜子，拿出一件素雅的白色小西装给林甜甜。林甜甜套到身上，正合适！有了这件小西装，她的吊带裙变成打底裙，整个人也变得文雅大方了。

宋婷婷又拿出一双黑色皮鞋给王佳怡，王佳怡有些不好意思，看着宋婷婷。宋婷婷说：“把你的鞋子先换下来，下班还给我就行。”

王佳怡穿上皮鞋，她个子比宋婷婷矮一点，鞋有点儿大，但穿着还算合脚。换上皮鞋，王佳怡的形象似乎也有了很大不同，花裙子不那么扎眼了。

宋婷婷见她俩疑惑地看着自己，知道她们在想什么，于是微笑着解释道："公司经常会有一些活动，个人也会有一些突发情况，在办公室备几件百搭的衣服，可以做到有备无患。"

然后就带她们去见科室的其他同事。

自我修养渗透在我们的一言一行中，带给别人真切的第一印象。

肖东他们公司的阿正师傅个头儿不太高、清瘦，平常虽然沉默寡言，但身上有股很特别的劲儿，在公司很有影响力，很多年轻人都以能加入他的团队为荣。阿正师傅遇到困难时有句口头禅："让我们想想怎样解决它。"像阿正师傅这样的人有个共同特点：遇到事情总是积极想办法解决，而不是逃避。这样的人自然会赢得别人的敬重和信赖。如果我们也有这样的人格魅力，那么，我们一定会在与人交往中给人留下很好的第一印象。

宋婷婷作为过来人，非常理解职场新人遇到问题后的心态，她既没有装作没看出来王佳怡和林甜甜的苦恼，更没有嘲笑她们，而是非常善解人意，及时又巧妙地帮助她们解决了问题。在这个过程中，她表现出的友善与从容自若，都让初识她的王佳怡和林甜甜对她心生好感。

陈曦在一家保险公司做业务员，一开始很多人都不看好她。因为大家都觉得做这个工作要能说会道，而陈曦却不是这样的人。没有人能想到，陈曦入行3年，居然连续3年荣获公司"金牌荣誉业务员"称号。陈曦说，没有什么特别的诀窍，首先就是从第一次见客户开始，就待人以诚，站在客户立场去想问题。她说，向客户第一次销售产品时是获取客户信任的关键时机，这时若总是想着自己能获得什么，就无法像对待亲人那样真诚地对待客户。那种私心和贪欲是无法掩饰的。每个人都不希望自己被算计，你的私心会让客户警觉、反感并放弃与你的合作。其次就是要有从容自信的气度，遇事不慌、沉着冷静，给客户沉稳可靠的感觉。如果同客户刚见面时就毛手毛脚、小动作太多，会显得幼稚莽撞。

议一议

阿正师傅的乐观实干、宋婷婷的善解人意、陈曦的真诚自信，都让人与他们第一次见面时就印象深刻，同时也愿意进一步和他们打交道。在与人第一次见面时，你认为还有哪些重要的修养容易给人留下美好的第一印象？小组讨论一下，分享你们组认为最重要的 3 个修养，并举例说明。

（二）找准角色定位

张昊到销售部上班第一天，就让部门梅经理十分不悦。

本来，梅经理对这个新来的小伙子印象不错，见面后按照惯例向新人介绍部门情况。没想到，她刚说了没几句，就被张昊打断了："经理，我发现咱们公司的激励机制还不太完善，我觉得咱们销售部还可以进一步加强业绩考核，让大家更有干劲。我在学校时曾经参加过营销沙盘设计大赛，获得过全省一等奖，在这个方面有一些心得……"张昊滔滔不绝地说着，没有发现梅经理的脸色早已经沉下去了。

张昊初来乍到，并未深入了解部门情况就只顾自我表现，不考虑说话的时机是否恰当，他这种自我定位不准的做法使得刚认识他的梅经理十分不快。

作为一名新员工，张昊应该把自己的角色定位为执行者和学习者，多听，少说，多观察，勤请教，通过听梅经理的介绍，以及向其他同事请教和学习，更多地了解公司文化、部门风格、同事特点，尽快融入新的工作环境，而不是把自己放到决策者、评判者的位置上，对公司不尽完善的地方妄加评议。

如果在梅经理介绍部门情况时，张昊能认真倾听，并在合适时机提出问题虚心请教，梅经理会感觉他比较谦虚好学。这样，也便于以后大家一起更好地工作。

小贴士

让人第一印象不好的角色偏差

1. 插手自己职责外的事。或是出于热心，或是觉得自己能力更强，抢了不该抢的核心位置、做了不该自己做的事、说了不该自己说的话，让别人感觉自己的能力和本职角色受到质疑，有被冒犯的感觉。

2. 自己职责内的事做不到位。该自己做的事、说的话，没有辨识到位、落实到位，给人责任心不强的感觉。

这些是我们一定要引以为戒的。

职场人角色定位恰当的表现

我们在职场中，总是会与不同的人打交道，加强规矩意识和底线意识，会比较容易打开一个良好的局面。

1. 到位不越位。明确自己的工作职责范围，掌握工作要求，严格执行工作流程，工作不留死角。如果能在平凡的岗位做出不平凡的业绩，这就是卓越了。

超出自己职权范围的事要慎做。

2. 献策不决策。在领导需要的时候，说出自己的看法和建议，但把决策权留给领导。

3. 补台不抢台。该自己展示时就大方展示，其他时候不抢风头、不抢话。但当上司或是同事忘记了某个统计数字或不了解某个业务细节，需要有人补台的时候，要选择合适的时机用恰当的方式给予提示或帮助。

说一说

你身边有哪些因角色定位恰当或是欠妥，给人留下良好或是糟糕印象的例子？跟大家分享一下这样的故事吧。

（三）展现得体举止

徐正航去某家装公司上班第一天，主管马经理带他去见公司孙总经理。徐正航心里非常紧张，进门后忘记顺手把门关上，过了一会儿才想起来，转身关门时又不小心用力过大。他缩了一下脖子，吐了一下舌头，又偷瞄一眼孙总，不知所措地站在那里。站的时候，一条腿实一条腿虚，肩膀耷拉着，头就像脖子擎不住似的，向前探着。孙总请他坐下，他慌乱得忘了致谢，坐下时，又把椅子碰得哗啦响，结果只坐到椅子边沿，怕再出声响，也不敢动了。就那么坐在那里，额头、鼻尖上全是汗。

徐正航的样子是不是很眼熟？

在我们身边有不少像徐正航这样的人，平时跟熟悉的人在一起时表现得还比较从容，但与不熟悉的人打交道，就变得忐忑不安、举止失措，让对方感觉不怎么好。

与不熟悉的人打交道，更应该展现自己得体的举止，让自己看起来充满自信，从而给人留下不错的印象。

表情：初次见对方，最稳妥的表情是微笑。微笑是一种很神奇的表情，它能表达出我们的友好和善意。如果我们是面带微笑的，即使是在电话里，对方也会感受得到善意

声音：与人交谈时，语速应不疾不徐，音量要不高不低，声音饱满，音质明亮，显示出应有的热情和活力。如果平时说话吞吞吐吐、拖腔拉调、有气无力或者声音细小、几不可闻，那就要从现在开始注意"修炼"自己的声音了

目光：与人交谈时，目光应该停留在对方的两眉及鼻间，适时与对方的目光接触。眼神要和善而专注，表达出对别人的重视。不要一直盯着对方的眼睛，那样会显得咄咄逼人；也不要目光游移，显得漫不经心

动作：与人说话时，可以用适当的手势辅助语气，但动作不宜多，动作幅度也不宜太大。有些动作，如抓耳挠腮、咬嘴唇、吐舌头、做鬼脸、手指对方等都是不恰当的，要注意克服。尤其是在面试、会见客户等重要场合，不要让那些小动作给自己减分

这些得体的举止看起来很是琐碎，但只要我们从与他人刚认识时就心存待人真诚友善、尊重他人、为他人着想、明晰自身定位的理念，我们的表情目光、声音动作就自然而然地与我们的理念吻合，让对方感觉到妥当舒适。

小贴士

养成良好姿态

站姿。站立时要身体端正，挺胸收腹，面带微笑，目光平视，两手自然交叉相握于腰前。男士两脚开立，与肩同宽，身体挺直，两肩展开；女士脚跟相靠、脚尖外展，呈"V"形，身体微侧，下巴微收。

坐姿。入座时一般从椅子左侧轻而缓地坐下。如果是深而软的沙发，则应该坐在前端。坐下后，上身挺直，目光平视，面带微笑，男士两腿自然分开，两手放在膝盖处；女士两腿并拢，身体微侧，两手相握放在腿上。女士如果穿裙装，应先理顺裙摆再坐下。

蹲姿。如果需要蹲下，一定要注意姿态。一般是上身挺直，两脚开立，

与肩等宽，左脚在前，右脚在后。蹲下后，两腿合力支撑，两手放在膝盖处，身体不能摇晃，起立时要保持上身姿势不变。女士如果穿裙装，要先理顺裙摆再蹲下。

练一练

1. 请将徐正航见总经理时的不妥之处列举出来，不少于3项，你认为他应该怎样做会比较好？

2. 请将你们小组认为正确的答案分角色表演出来。

（四）主动问好

马亮刚到公司时一个人也不认识，但是不到一个星期，公司一半的人都知道市场部那个新来的小伙子叫马亮，很热情，有活力。

他是怎么做到的呢？

马亮的做法很简单：主动问好。

无论在楼道还是电梯，或者茶水间，无论遇到谁，马亮都会面带微笑，眼睛看着对方，说一声“您好”，即使是对保洁大姐、快递小哥，马亮也笑着主动打招呼。他的笑容让每个人都觉得，自己仿佛是他久别重逢的老朋友。

到了陌生的环境，人与人之间难免会隔着一层“薄冰”。要想尽快“破冰”，让他人打开心扉接纳我们，可以像马亮这样，主动表达对别人的关注。

有一位演讲家说，人们不在乎一个人对他们了解多少，他们只知道这个人对他们关注多少。

主动问好就是表达对别人的关注。主动问好是改善人际关系的一剂良方，从第一次点头、微笑、说“你好”开始，我们跟所有人都可以从陌生到熟悉，建立起彼此之间的联系。我们可以从每天早上或初次见面的主动问好开始练习和培养这个好习惯。

很多人怯于向别人问好。其实，只要我们真正从内心深处释放出善意和亲切，主动点头、微笑、说“你好”，做起来并不难。这样做了之后就会发现，新环境的人并没有自己想象中的那么难以接近。

需要注意的是，当问候别人时，要面带马亮那样的笑意，真诚地发出问候。

小贴士

主动问好时的注意事项

1. 主动问好时，声音要清晰、有力，语气亲切自然，面带善意的微笑，姿态不卑不亢。

2. 如果与很多人都是刚认识，尽量与每个人都微笑问候。即使遇到非常不熟悉的人，也尽量面带微笑点头致意。

3. 做好自己即可，不强求他人一定要同样回应。

（五）记住别人的名字

记住别人的名字是一种社交礼仪，是一种基本素养，也是打开人际关系大门的一把钥匙——我们如果连对方是谁都不知道，怎么可能进一步交往呢?

在这方面，马亮可以给我们很多借鉴。

马亮刚到公司就留心记住同事的名字，跟人打招呼时虽然形式多样，但无一例外都有对对方的称呼。

“早上好周姐，您今天这地擦得可真亮啊！从进来我一路都在照镜子呢！”——这是跟保洁大姐打招呼。

“徐总好！您昨晚出差才回来，今天这么早就来公司了，好辛苦啊！”——这是跟负责市场部的徐总打招呼。

“张工早！您今天看起来心情不错啊！”——这是跟研发部的张工打招呼。张工刚完成一个新项目的研发，心情的确很好。

“浩哥，拿的什么呢？看上去挺沉，我帮你拿点儿！”王浩是马亮他们市场部的同事，比马亮早来一年。

同样是每天早晨的点头、微笑、“早上好”，你觉得“早上好！”与“早上好，周姐！”哪个更让周姐对初来乍到的马亮印象更好一些呢？

当然是后一个！因为带有称谓的问候，会让对方感到这个问候是专属于自己的，因而会更加愉悦。

但并不是每个人都能像马亮那样，可以很快记住别人的名字，并熟练地叫出来。下面这个案例中的孟凡，就表示自己记忆力不好，根本记不住别人的名字。

孟凡去新泰材料公司参加面试，得知主考官是公司的武总经理，他决定进去后要先向武总问好，再开始介绍自己。可是一进面试室，他的脑子却突然发蒙，居然忘记总经理姓什么了，他站在那里愣了半天也没想起来。

和孟凡的“愣住”带给武总经理的困惑相比，相信如果是马亮，当他一进面试室礼貌地说一声“武总经理您好，我叫马亮，很荣幸能来参加面试”时，武总经理很可能露出的是满意的微笑。许多人工作后不管是对刚认识的同事，还是对刚约见的客户，都不怎么在意对方叫什么，总觉得和自己没什么大关系，也不愿意花心思去记，这就说不过去了。

如果你也是这样，那可真要抓紧改正了。

记住别人的名字意义很大。

虽然说名字只是一个符号，但是对于每个人来说，名字就是他本人的标志。没有谁不在意自己的名字。试想，如果在开会时领导想表扬刚来单位的你，当他肯定地说出你的名字而不是“那位同志”时，你一定会非常开心吧。

不管是见新同事还是见新客户，记住别人的名字和职务并恰当地称呼，就等于给予对方一个巧妙而有效的赞美，使对方感到我们对他的尊重，从而对我们产生良好的印象。

小贴士

怎样记住别人的名字?

1. 多与老员工一起行动，多问、多听、多了解他们，留心记住他们的名字。

2. 利用会议、团建等机会留心记住领导层和其他部门同事的名字。

3. 与客户等本单位以外的人见面前，应提前做好功课，了解其姓名、职务、单位、专长等相关信息，并留心记忆。

4. 及时补充、完善通讯录。除了记下联系方式外，还要在备注里标明工作单位（部门）等信息。

5. 巧用联想记忆法。或记住别人的特征；或把别人的名字和长相，转换成方便记忆的内容；或用别人的姓和名造句。

6. 加微信保持联系，用好微信群。很多人开展工作时，会临时组建微信群，大家常会在群里标注上自己的单位和名字，有些人还会用本人头像。这也是记住别人名字的好途径。

7. 与人初次相识，交流中可多提及对方的姓名和职务。例如，“这事儿还请王经理多关注啊。”“王经理，这份资料什么时候拿给您呢？”聊天过程中多次提及“王经理”这 3 个字，可以强化记忆。

8. 用好合影。参加重要活动的合影后，应尽可能标记出每个人的名字。

练一练

几名同学扮演孟凡和孟凡要见的8位新客户，表演孟凡分别和8位客户初次见面时的对话（对话内容自拟）。其他同学参照下面的思维导图，帮孟凡在通讯录里给刚认识的客户完善资料。对话结束后，另请几位同学上台介绍一遍8位客户的名字及信息，并分享自己记住客户名字和信息的小秘诀。

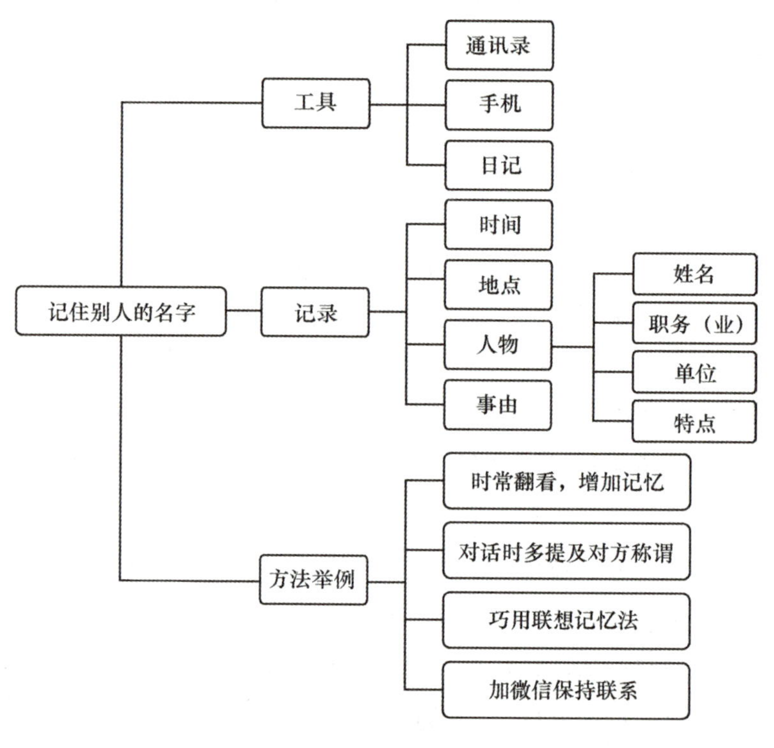

（六）做积极的倾听者

在与他人初次见面时，我们往往更关心自己会不会“说”、会不会表现自己，很少在意自己会不会“听”。

人们常说“会说不如会听”。倾听不仅在平时的交往中起着重要作用，在初识阶段更是如此。只有积极倾听，真正理解别人话语中的含义，才能实现进一步的有效沟通。

需要注意的是，要做到真正“听懂”别人的话，关键需要“用心”。倾听时，要专注而用心，在接纳的基础上，听取对方的完整意思，不进行先入为主的判断或解读。在此基础上，配合对方讲述的内容，不时给出积极回应，从而引导对方畅谈起来。

小贴士

学会运用 SOFEN 技巧

S（smile）——面带微笑。

O（open posture）——姿态要自然大方。

F（forward lean）——身体微微前倾。

E（eyes contact）——目光交流。

N（nod）——点头示意和回应对方。

在初识阶段的交谈中，愿意积极地倾听，体现的是对对方的一种尊重。一个好的倾听者，会让说话者获得极大满足，从而给倾听者留下良好的印象。

倾听看起来似乎很简单，但是要做好它，还是需要加以努力和练习的。

马亮跟着老总参加展销会，在酒会上，他正好坐在冯总旁边。

冯总是一位 50 多岁的女士，举止非常优雅。当时大家正在谈论一个时事新闻，有几个人因观点不一致而争论起来。看上去冯总对这个话题不感兴趣，她用手挡着嘴，一连打了好几个呵欠。冯总一扭头发现马亮在看她，连忙对马亮说：“不好意思！我昨天刚从埃及旅游回来，还在倒时差中，太疲倦了！”

你从冯总的话中，“听”出了几层意思？

如果你是马亮，你会怎么回答？下面几个选项中，你会选择哪个？

如果你是冯总，你会比较喜欢哪种回答？为什么？

1. 没事儿的。

2. 旅游的确很累人。要不怎么说“花钱买罪受”呢！

3. 噢！埃及啊！我一直都非常向往，想去那里领略一下！您在那里遇到什么有趣的事儿了吗？

4. 您刚从那么远的地方回来，还在倒时差，这么疲倦没有休息就投入工作，真是太敬业了！埃及一直都是我非常向往的地方，也许未来有一天我也会去那里圆梦。您能给我提供一些建议吗？

让我们分析一下上面这几个回答。

“没事儿的。”这句话看上去没什么问题，但却透着一种冷淡的味道。如果马亮选择这样回答冯总的话，说明他只听见冯总说的“不好意思”这一句话并对此做出回应。但冯总并不只是说了这一句话，她后面还有好几句话呢。

“旅游的确很累人。要不怎么说‘花钱买罪受’呢！”这句话表明马亮听到了冯总对自己呵欠连天的解释：昨天刚从埃及回来，正在倒时差，很疲倦。但关注点是“疲倦”。所以，这句话虽然看起来感同身受，但理解仍然停留在言语表层。这样聊天，估计两句之后也就聊“死”了。

“噢！埃及啊！我一直都非常向往，想去那里领略一下！您在那里遇到什么有趣的事儿了吗？”这是一个不错的回答。在这个回答中，“一直都非常向往，想去那里领略一下”，非常好地把自己的兴趣点表达出来了，这样容易产生共情，有助于对话的深入进行。“您在那里遇到什么有趣的事儿了吗？”更是表达了自己希望继续倾听的愿望，让对方受到鼓励，有兴趣继续对话。同时这句话以开放性问题形式提出，也有助于让交谈得以持续和深入。

“您刚从那么远的地方回来，还在倒时差，这么疲倦没有休息就投入工作，真是太敬业了！埃及一直都是我非常向往的地方，也许未来有一天我也会去那里圆梦。您能给我提供一些建议吗？”如果马亮是这样回答的，那说明马亮是一个非常称职的倾听者，他不但听到了话语表面的意思，还听出了一些话外之意，并给出了比较圆满的回答。

冯总作为职场精英，当然知道在商务活动中呵欠连连是有失礼貌的，而刚从埃及回来、没有充分休息就投入工作，因而感到疲倦，可以成为很充分的理由。“您刚从那么远的地方回来，还在倒时差，这么疲倦没有休息就投入工作，真是太敬业了！”这句赞美，表明马亮对冯总解释的认同，也是对冯总所说的“不好意思”的回应。然后马亮表达自己对埃及的向往：“也许未来有一天我也会去那里圆梦。”这又是一个巧妙的赞美——自己目前还没有能力去那里，“去埃及旅游”就像一个不知何时才能实现的梦想，但冯总已经去过了，说明冯总的能力远超于自己。这句话中的赞美之意比第一句要委婉很多，但也显得更诚恳，让人听起来非常舒服。所以，最后那句希望得到一些建议的请求，就会使对方非常乐意继续往下说了。并且，这个回答与第三个回答的微妙区别是，马亮提出的开放性问题是与自己有关的，这样对方在回答时，就会想着怎样结合“给建议”去说，使交谈成为真正的对话。

小贴士

做积极的倾听者

让我们来总结一下，在初识阶段，怎样做积极的倾听者？

1. 激发自身倾听愿望。只有从心理上接纳说话者，才能产生倾听的愿望，这是积极倾听的基础。否则，不可能产生良好的倾听效果。

2. 专注而认真的态度。倾听时要两眼注视着对方，与说话者进行眼神的交流，不要看电脑、手机或其他什么。如果我们注意力不集中，说话者会觉察到我们没有用心听，就会失去说的兴趣。

3. 恰当的动作、表情和简短积极的回应。赞同性的点头，与交谈内容相协调的面部表情以及简短而及时的语言回应，可以表达出我们对谈话内容的浓厚兴趣，会带给说话者极大的满足，从而促使谈话继续下去。

4. 不要急于表达自己的意见和观点。不要着急打断对方，等待说话者全部讲完后再发表自己的观点，这样可以更好地理解对方真正想表达的意思是什么。

练一练

两人一组，运用 SOFEN 技巧，将马亮与冯总的对话情景表演出来。

（七）朋友互助，打破社交圈壁垒

肖东在阿正师傅的工作室认识了去年到厂里工作的林永乐，通过林永乐又认识了公司其他部门的几个“技术控”，大家一起跟着阿正师傅钻研技术，攻克难关。

宋婷婷参加初级会计师考试顺利过关。王佳怡向宋婷婷请教有关事项，表示自己也要参加考试。宋婷婷给她介绍了一家辅导机构，试听过两次课之后，王佳怡决定报名参加学习，为以后的考级做准备。在这里她认识了同一公司的陈潇潇和佳宝食品公司的孙雅静，3 个女孩儿相约每周六一起去辅导班学习。

王有豪最近正在苦练街舞。在学舞的工作室，他通过舞蹈老师大勇又结识了刚子、石头等街舞爱好者。

如果我们希望扩大人际交往的范围，那么可以像肖东他们那样，通过培养和发展兴趣爱好，交到志同道合的朋友，再通过这些朋友认识新的朋友，从而扩大自己的人际交往圈子。

阿正师傅告诫肖东，入职之初，你选择的圈子会让你逐渐认识很多同一领域的人，可能会对你未来的职业发展产生深远影响。

宋婷婷告诉王佳怡，要跟优秀的人多接触，通过优秀的人认识更多优秀的人，并向他们学习。

马亮能在入职不久就迅速成长为一名优秀的营销师，就是善于通过领导、同事或朋友的引荐、帮助，快速融入业内的各种圈子，从而打开局面。

作为销售人员，马亮经常参加一些酒会。他希望通过这样的活动，认识更多的人，进而开拓业务。虽然他刚入行，认识的客户并不多，但每次都会有收获。他是怎样做到的呢?

马亮每次参加这类活动前，都会对与会者的情况进行了解。在酒会上，马亮会跟着领导、同事或朋友去和客户聊天，他们会顺道向客户引荐马亮，马亮便自然地参与到聊天之中，从而结识了客户。时间长了，老客户觉得马亮值得长期交往和合作，也会引荐新客户给他。

马亮用这样的方法，赢得了很多客户朋友，打开了工作的新局面。

说一说

1. 如果你工作了，你准备进入哪些圈子呢？如何进入？

2. 你认为通过老朋友结识新朋友，并成功让新朋友也愿意同你继续交往，交往技巧和个人修养在其中所起的作用分别占多少？试举例说明。

课后练习

1. 总结一下，本课介绍了哪几种敲开人际关系大门的理念或方法？每个理念或方法中有哪些值得特别注意的地方？与小组的伙伴们一起把要点概括出来，做成思维导图。

2. 阅读下列案例，与小组的伙伴们一起按照要求完成工作任务单。

工作任务单

<table>
<tr><td>小组名称</td><td></td><td>组员名单</td><td></td></tr>
<tr><td colspan="4">任务情景描述</td></tr>
<tr><td colspan="4">杨婕到公司工作快 3 个月了，还是什么人都不认识。平时她总是独来独往，上班时就缩在自己的办公桌前，哪儿也不去。她不太参与办公室里的聊天，也不跟大家一起去吃午饭。她虽然近视却时常不戴眼镜，无论遇到谁都径直走过</td></tr>
<tr><td>讨论问题一</td><td colspan="3">如果你们是杨婕的同事，杨婕给你们留下了怎样的第一印象？</td></tr>
<tr><td>讨论结果</td><td colspan="3"></td></tr>
<tr><td>讨论问题二</td><td colspan="3">你们认为这样的杨婕，能顺利敲开人际关系的大门吗？</td></tr>
<tr><td>讨论结果</td><td colspan="3"></td></tr>
</table>

续表

讨论问题三	请帮杨婕分析一下，她存在哪些问题？应该怎样解决？
讨论结果	
实践任务	根据前面的讨论，以杨婕为主人公，编写两个剧本，分别表现“给人第一印象不佳的杨婕”和“给人留下良好第一印象的杨婕”，小组成员分角色表演，并拍成视频，在班级内交流

第三课　增进和维护人际关系

学习目标

1. 树立“要维护和增进人际关系，根本因素在自己”的意识，努力做一个言行负责、尊重他人的人。

2. 能够区分互惠互利与互相利用的不同之处，正确运用人际交往中的互惠互利原则。

翻转课堂

本课导读

增进和维护人际关系

- 言行一致
  - 诚实守信，不恶意骗人
  - 说话有分寸
  - 做事有首尾，考虑对他人的影响
- 尊重他人
  - 善于发现别人的优点，给予真诚赞美
  - 善于接纳不同的处事风格、思维方式、行为习惯
  - 在意他人感受，重视他人利益
- 互惠互利

一、思考

1. 你能举出身边因为没有很好维护人际关系而产生不良后果的例子吗？你认为应该如何增进人际关系？平时你是如何做的？还可以怎么优化呢？

2. 你喜欢言行一致的人吗？愿意和这样的人深交吗？你认为什么样的人算得上是言行一致的人？

3. 有人说，互惠互利就是互相利用，你觉得这种说法对吗？

二、简析

1. 葛梦琦想去参加市里的朗诵比赛，听说文化宫的陈飞老师是朗诵名家，就想方设法找到陈老师，请陈老师对自己的朗诵作品给予指导。陈老师虽然并不认识他，自己手头也有很多事情，但出于对好学青年的爱护之心，就抽时间认真听了葛梦琦的朗诵作品，并热情地给予细致的指导。经陈老师指导后，葛梦琦的朗诵水平大有长进，最终在市里的朗诵比赛中获得了二等奖。但他并没有将自己的参赛结果告诉陈老师。几个月后，全国朗诵大赛开赛，葛梦琦又来找陈老师，希望陈老师继续指导自己。但是，这次陈老师只是淡淡地说了句："不好意思，我很忙，没有时间。"葛梦琦心里很不高兴："上次找他指导，还挺好说话的，这次怎么这么摆架子？"

请分析：

（1）为什么陈老师第一次热情指导葛梦琦，第二次却冷淡拒绝了？

（2）陈老师可以拒绝葛梦琦的请求吗？

（3）葛梦琦的做法有什么问题吗？

2.公司举办高端论坛，李刚所在的部门负责会务工作，李刚自告奋勇把联系主讲嘉宾的任务领了过来。别的人已经开始着手工作了，李刚却只顾忙着做其他事情。主管有点儿放心不下，主动询问他，李刚淡定地回答说："不着急。"又过了一段时间，主管再问，李刚胸有成竹地说："没问题！"

可是，临近会期，李刚却突然说："主讲嘉宾来不了了！"接着又说道："这活儿没法干了！头儿，我不管了，调休1周！"说完，扔下一屋子错愕不已的同事，扬长而去。

主管跟主讲嘉宾取得联系后才了解了事情的原委。原来，李刚并没有按照会务组要求及早联系主讲嘉宾，而是等会期临近时他才跟主讲嘉宾取得联系。主讲嘉宾觉得时间太仓促，来不及准备，同时提醒李刚，他在邮件中把自己的名字写错了。李刚致歉后，只在邮件中改了过来，而邀请函仍是错的，这令主讲嘉宾非常不快。而有关研讨会具体的时间、地点、日程安排等事项，都是主讲嘉宾一次次主动询问后才得知的。主讲嘉宾说："用这么不靠谱的人搞会务，这个论坛的质量怎么可能高呢！"

为什么主讲嘉宾说李刚不靠谱？李刚的不靠谱体现在哪些方面？

在第二课中，我们学习了如何用好“首因效应”，努力给别人留下良好的第一印象，从而敲开人际关系的大门。这一课我们将一起探讨敲开人际关系的大门之后，如何增进和维护人际关系。

那些帮助我们建立良好第一印象、顺利打开人际交往大门的因素，在深度交往中将继续有效——如果我们在与他人刚开始交往时就举止彬彬有礼，言谈大方得体，精神面貌积极乐观，待人接物友善真诚，那么在深度交往时，这些当然都是必须继续保持的。我们必须牢记：无论何时，我们都要注意以良好的基本素养去处理人际交往中的一切关系。

除此之外，在深度交往中，我们还需要了解和掌握这样一些基本原则来增进和维护人际关系。

一、言行一致

对一个人的最高评价，不是聪明也不是帅，你知道是什么吗？是靠谱，也就是说话、做事负责任、有担当，能对自己的言行负责。

（一）诚实守信，不恶意骗人

张磊是个做事讲究“效益”的人。他有许多不为外人知道的做事“诀窍”，例如，事不关己，能不干就不干；没有“产出”，就不值得“投入”；竞争就是要“干掉”对手，确保胜出。

因为去年是张磊负责会务，同事刘远于是找到他，向他请教新一年产品发布会的材料准备事宜。

张磊当时正在做领导安排的一件事。他觉得，放下自己手头的工作，去帮一个新人找去年的材料记录，这个“投入”能得到什么“产出”和回报？没有“产出”，那岂不是浪费时间！而且，这个刘远虽然刚来，但实力却不可小觑，说不定以后会成为竞争对手呢。

于是他故意做出努力回忆的样子：“啊，中间办过好几个会，具体情况我不记得了。我觉得不用提前给材料，他们需要的话会问你要的。”刘远将信将疑：“你们去年会前什么参考材料都没给吗？来福士呢？他们可是咱们的重点合作对象啊！”张磊抬起头，很关切地看着刘远说：“需要你关注的会务工作太多了。这点细节不重要，省去正好也节约你时间。”刘远觉得张磊是过来人，有经验，既然他这样说，那就听他的，于是就先忙别的去了。

到了会议的前一天，领导找到刘远：“有会议代表刚才找我，说马上就要开会了，还没有看到参考材料，这是怎么回事儿？咱们每年都提前给他们的，你怎么不给呢？赶紧补发！”领导语气里带着明显的不悦，让刘远心头一凛。张磊关切的脸浮现在眼前，刘远觉得自己被人耍了。

张磊做每件事都要讲究“投入”“产出”，算计有没有“好处”，为此不惜编造谎话，给同事造成困扰。这样的人虽然聪明、头脑灵活、有一定的能力，但处处以自己的个人利益为重，对自己的言行不负责任，日子久了，大家都不会喜欢与这样的人打交道的。

想一想

如果你是张磊，你会如何做？

如果你是刘远，你会如何做？

（二）说话有分寸

王希伟在学校那会儿就喜欢“侃大山”，他觉得能侃绝对是口才好的象征。毕业后来车间，跟同事熟络后，王希伟就放心大胆地继续展示他的“卓越”口才。

休息时间和同事们一起闲聊是他最喜欢的时刻了。有的同事聊起自己童年经历的困难，王希伟立马来了精神：“你那点儿困难能叫啥困难，这么点儿苦都吃不了，还能干啥！给你讲讲我经历的，让你知道啥叫真正的困难。”然后绘声绘色地介绍起来。有的同事说到家里某个亲戚积极上进的故事，王希伟也有千万句话在后面等着：“你这个亲戚只能叫一般上进，我有个亲戚那才叫绝呢。”然后又大谈特谈起来。慢慢地，同事们聊天都开始故意避开王希伟。王希伟加入时，大家也都聊几句就不聊了。

说话有分寸的人总是给人一种得体感，让人与之相处时如沐春风。

王希伟的问题是，说话夸张，缺少分寸。他讲话有个模式，就是贬抑别人、抬高自己。这种说话风格让人很不舒服。谁会喜欢跟一个处处压着别人抬高自己的人说话呢？即使他真的比别人“厉害”很多，也不应该用这种句式去表达。

假如王希伟这样跟人聊天，效果会怎样呢？

王希伟是一个跟谁都聊得来的人。

他觉得聊天能增进了解、拉近距离，还可以交到朋友。所以在学校时他就喜欢聊天，工作后跟工友们在一起，更有聊不完的话题。他本身兴趣广泛，又博闻强识，从中国足球、房产楼市，到沉船打捞、太空探险，更不用说各地美食、四季风光、明星八卦，啥都能聊得津津有味。

跟别人观点不一致时，他会先说："没想到这事儿还有这样一种说法啊！我以前听过一个说法，跟这个有点儿不一样……"，然后再说他跟别人不一样的那个版本。或者说："我觉得你说得很有道理啊，除了你说的这些，我还有点儿补充。我觉得这事儿如果这样说，是不是也可以啊？……"

如果别人说："你那个版本不对！"他会笑着说："嗯，可能吧，谁知道呢。"

车间的工友们都很喜欢他。

第二个案例中的王希伟为什么会赢得工友们的喜欢呢？这样的王希伟，随和、热情、兴趣广泛，是一个很容易融入话题讨论的人。最重要的一点就是他说话有分寸，即使与别人观点不一致，他也不会表现得很激烈，总是很照顾别人的面子，用一种温和的方式说出不同的意见。

小贴士

王希伟表达不同观点的方法，可以作为模板来学习。

这事儿我以前听过一个不同的说法……

你说得很有道理，除了你说的这些，我还有一点儿别的看法补充一下……

用这样的模板表达自己的不同观点，有一点一定要注意：真诚。如果这样的语句不是真诚地说出来，就会显得语带讥讽，会引起别人更强烈的不满。

练一练

分析下列对话，看看从中可以得到怎样的借鉴？

公司合唱团去北京总公司参加会演，获得了一等奖，每个成员都特别高兴，马莲莲也是如此。周末跟几个同事一起聚餐时，她忍不住说起这件事。可是正在她说得起劲儿的时候，范晓玲却一脸不屑地说："瞧你高兴的，去一次北京，参加一次比赛，就跟中了大奖似的，这有什么呀！"

如果你是马莲莲，听了范晓玲的话你会怎么想？

如果你是范晓玲，你觉得这样说自己的同事合适吗？

（三）做事有首尾，考虑对他人的影响

我们只要答应了别人一件事，无论是否做成，都要给别人一个反馈。比如，对于领导安排的任务，应该竭尽全力去完成，但不能只是做或做完就行了。如果工作周期比较长，任务比较重大，在过程中，要及时汇报进展情况；如果遇到困难不能按时完成，更要及时汇报沟通，得到领导的协助支持，或请领导对工作安排进行适当调整，不能等问题无法解决时再说，造成工作被动；任务完成以后，要主动向领导报告完成情况，如果是比较重大的项目或任务，还应该有一个工作总结。

这就是一个闭环，也就是做事有首尾。

能这样做事的人，就是靠谱的。

宋婷婷要去深圳出差，文姐托她给在那里上学的侄子丰恺捎点儿东西。

宋婷婷到深圳后，马上给丰恺打电话，告知他自己所在的位置，请他来取。不料丰恺踢球时不小心受伤，正在医院治疗。

宋婷婷询问丰恺住院的地址，发现与自己所在之地相隔很

远，往返一趟至少3小时。而这趟出差要办的事很多，时间很紧张。

怎么办呢？宋婷婷有几个选择：把东西带回去；让丰恺找人来取；自己亲自去医院，代表文姐看望丰恺，并把东西送过去。

前两个选项省时省力，选择其中任意一个，都是无可指责的。

而选项三费时费力，也不方便。但宋婷婷觉得自己既然答应了文姐，那么受人之托、成人之事，花点儿时间跑一趟，让丰恺得到安慰，还是很有必要的。

因此，她抽出时间买了营养品，打车赶过去看望丰恺并把东西交给了他。然后给文姐打电话告知此事："文姐，东西已经交给丰恺了，他就在我旁边，您还有什么要嘱咐他的吗？"

案例中，宋婷婷受文姐委托带东西给她的侄子。文姐是委托者，宋婷婷是受托者。为什么说宋婷婷的做法很靠谱呢？因为她答应帮文姐带东西到深圳，即使遇到困难，也尽量不负所托争取完成。除此之外，她还及时告知文姐事情的进展情况和办理结果。这样的人才能让人放心，别人交代的事一定会放在心上，并能尽心尽力去做，即便出了问题，因为反馈及时，也能得到有效的补救。

在课前翻转课堂简析题中，有一个李刚的故事。

李刚就是一个做事无首尾的人。为什么这样说？相信同学们对照上面的说明，能够找出原因吧。

职场中做事要有首尾，在日常生活中，我们也要做一个做事有首尾的人。

小贴士

“闭环思维”

闭环思维的具体表现是：接受他人委托一段时间后，无论事情完成得怎样，都要给委托人一个反馈，告知完成情况，也就是有始有终。

闭环思维流程：接受委托，搞清关键→制定方案，突破重点→及时反馈，解决难点→按时完成，汇报总结。

我们来看看姚志云的故事吧。

周四的时候，姚志云给张雯打电话说：“咱们同学姚亚楠生病住院了，这周六上午一起去医院看望一下吧，9:00在医院大门口奶茶店碰头，不见不散。”

可是到了周五下午，姚志云他们公司几个同事约着周六去漂流，她早就听说漂流很刺激，这次又是跟同事一起，于是马上跟着报了名，把与张雯的约定忘得干干净净。而且因为要漂流，怕手机被水打湿，她周六早上就把手机关机并锁进了行李箱。

张雯因为住得远，为了准时到达便早早出发，谁知在医院大门口的奶茶店一直等到9:30也没等来姚志云，打她电话也打不通，心里十分不高兴。因为她原本约了一位客户面谈合作事宜，因为姚志云不容置疑的“约定”，她只好与客户改约。没想到却被姚志云“放了鸽子”！

张雯生气地说：“这人真不靠谱！”

姚志云约了别人一起去做一件事，又答应了另一拨人同一时间去做另一件事，如果说只是粗心之过，那还是可以得到谅解的。

但如果姚志云的爽约是故意为之，就不能让人原谅了。

姚志云刚给张雯打完电话，听到办公室的几个同事在那里聊周六要去漂流的事，于是她马上报名参加漂流活动。至于与张雯的约定，她心里想：张雯到医院门口后等不到自己，一定会独自去看姚亚楠。等以后找个机会跟她赔个不是，她不会怪自己的。

同样是不守信，你觉得哪个姚志云更让人不舒服呢？

你一定也不喜欢第二个案例中的姚志云吧。在这个案例里，姚志云的爽约并非无心之过，她明明记得自己跟张雯约好了要去看望生病住院的同学，却又和另一拨人在同一时间去做另一件事，还满不在乎地觉得被“放鸽子”的张雯不会怪自己，即使怪了，大不了赔个不是。这种人完全不在乎自己的言行给别人带来的影响，相信你也不会愿意跟这样的人深入而长久地交往吧。

议一议

言行负责的人在和他人相处时，会自然地表现出以下几个特征：

1. 重约守时。不轻易许诺，一旦应允，一定践行；会比约好的时间早到5~10分钟等候他人；若因特殊原因迟到或不能如期赴约，会尽早告知对方，说明情况并诚恳致歉。

2. 做事认真，及时反馈。手机保持开机状态，即使有事不能及时接听电话，也会在第一时间给予回复；帮别人办的事情能够认真对待，不丢三落四，不拖延，并及时告知进度。如果出现差错，不为自己找借口，敢于承担责任。

3. 不说过头的话。即使情绪激动，也不说过头的话。

小组讨论一下，对自己言行负责的人，和人相处时还有哪些表现？

练一练

阅读下面的案例，讨论分析一下，张昊周末的早晨都忙了什么？他做事有什么问题？该如何改进？

张昊周末的时候特别忙碌。

早晨7:00一起床，看天气特别好，他觉得去公园跑步应该很不错。于是跑到楼下，想骑电动车去公园，却发现昨晚回来忘了给电动车充电，只好先去充电。

充电的时候张昊发现插座松了，造成接触不良，影响充电效果，于是他又开始找螺丝刀修插座。

张昊翻了好几个抽屉也没有找到螺丝刀，却发现了一个本子，居然是他刚参加工作时的工作日志。他又坐下翻看起工作日志来。

刚参加工作时，他曾立志要成为一名最好的营销师，所以每天不管多累都会写工作日志，记录与客户的对话和谈判过程，对每个环节都复盘推演，寻找工作中的纰漏，以便在下一次遇到类似情况时加以避免。然而几年过去，他早已不再想做什么营销大师了，工作日志自然也早就不记了。张昊感到很惭愧，下决心要重新振奋起来，工作日志也要重新开始记。

等他信心满怀地抬起头，发现已经是上午10点多了。

他原本打算这个早晨要干什么来着？忘了。

张昊的问题是：________________________________。

改进的办法：________________________________。

二、尊重他人

（一）善于发现别人的优点，给予真诚赞美

真诚的赞美是人际关系最好的润滑剂。

赞美并不是简单地说好话，比如“真好”“好棒”之类。

好的赞美是发现别人的优点或过人之处后发自肺腑的真诚之言。

当然，掌握一定技巧也可以让我们的赞美更加打动人。

我们来看看张雯是怎样赞美唐小小的吧。

唐小小是一位二胎妈妈，也是一位网络作家。她的育儿公众号坚持每日更新，多篇文章被各大媒体转发。

张雯对唐小小由衷敬佩："小小，你真是太厉害了！一个人带两个娃，坚持公众号日更，还写出这么多爆款文，你是怎么做到的？有什么绝招？透露一点儿我回去教教我姐，她只带一个娃，还有公婆帮忙，都忙得人仰马翻的。如果公婆有事回去了，那她就惨了，别说读书、写作了，可能连饭都吃不上！"

唐小小开心地解答了她的问题，觉得和张雯相处很舒服。

张雯的这段赞美有什么高妙之处呢？

首先是真诚。如果不真诚，而是油嘴滑舌，那就不但不能带给人愉悦感，反会使人心生厌恶。

其次是具体。"你真厉害""你真能干"这样的赞美语，如果没有具体的细节相辅，就会流于空洞，缺少打动人的力量。

如何具体呢？张雯的话给我们提供了一个模板：夸赞语 + 举证 + 对比。

夸赞语	"你真是太厉害了！"
举证	"一个人带两个娃，坚持公众号日更，还写出这么多爆款文"
对比	"我回去教教我姐，她只带一个娃，还有公婆帮忙，都忙得人仰马翻的。如果公婆有事回去了，那她就惨了，别说读书、写作了，可能连饭都吃不上！"

这样的赞美给人以真诚实在的感觉，也就达到了我们表达自己敬意、夸赞对方优异之处、增进彼此关系的效果。

张雯的赞美语中还有一点是值得我们学习的：适时提出问题。问细节，问经验，问具体做法，都可以。向对方提出问题，说明希望深入了解对方，这本身就是一种高层次的赞美。张雯提出的问题是："你是怎么做到的？有什么绝招？"这正是唐小小最自豪之处：一个全职妈妈，带着两个娃，本就不易。我们从张雯的话中可以了解到，像张雯姐姐那样，有公婆帮忙，带一个娃都手忙脚乱的母亲，一定是大有人在。而唐小小不但成功带娃，还通过写作分享育儿经，实现带娃、赚钱两不误，其中的辛苦自然很多。所以，张雯的提问也满足了唐小小"希望被肯定被认同"的人性需求，也难怪唐小小会觉得与张雯相处起来很舒服。

小贴士

真诚赞美注意事项

1. 发自内心。如果言不由衷，会让人觉得我们别有用心。

2. 赞美而非奉承。真诚的赞美是发现——发现对方的优点而赞美之，阿谀奉承是"发明"——"发明"对方的一个优点而夸奖之。我们在和人相处时要懂得真诚地赞美别人，而不是阿谀奉承。

3. 重视目光交流。眼睛要注视对方，流露出真诚的表情，让赞美更具力量。

4. 像张雯那样赞美：夸赞语 + 举证 + 对比。

5. 不要同时夸赞很多人。同一个场合，尽量不要同时夸赞很多人。

练一练

使用赞美模板，真诚地夸一夸你们的老师。

（二）善于接纳不同的处事风格、思维方式、行为习惯

大千世界，万物形态各异，却又共生共荣。

每个人的处事风格、思维方式、行为习惯也是不同的，我们只有能够尊重彼此的差异，才能长久相处，共同进步。

这里有一组小案例，请阅读并思考：

小红长得文静娴雅，极具古典美。只是感觉有点儿矫情，老喜欢吟诗作对。我觉得人还是大大咧咧些比较好，多洒脱！

江江篮球打得特别棒，人也超帅，可是他平时太孤傲，喜欢独来独往，从不和我们这些舍友一起，显得特不合群。他是不是性格有缺陷呀？

王晨成天笑嘻嘻的，看起来为人挺随和。我擦桌子时，看他的书摆得散乱，没经他允许就好心帮他稍微整理了一下，谁知他竟说我侵犯他私人空间，不让我动他桌子上的东西！哼，这人一点儿也不随和！

这组小案例有什么特点呢？

如果我们假设它是出自某个人对别人的评价，你觉得这个人是怎样的一个人？

如果我们也这样看待身边的同学和朋友，你觉得会怎样？

这组案例让我们看到，每个人都有和别人不一样的处事风格、思维方式、行为习惯，人与人之间的差异是普遍存在的。

那么，如何对待别人与自己的不同呢？

这组案例展现出很有意思的一个现象：都是在肯定之后转向了否定——在这样的句式中，哪部分内容是被强调的呢？显然是转折后面的内容，也就是否定部分。如果这是出自某个人对他人的评价，那么这个人一定能很快发现人与人之间的差异，同时也会觉得别人和自己的不同是很奇怪的。可是，你会喜欢跟这样的人深入交往、长久相处吗？

王佳怡跟这个人不一样，她看人的视角是这样的：

小红长得文静娴雅，极具古典美。她喜欢吟诗作对，我这个人大大咧咧，平时不怎么接触诗歌，或许哪天可以借她的诗集，看看诗歌哪些地方吸引人。

江江篮球打得特别棒，人也超帅，他平时喜欢一个人去上课去吃饭，不怎么和他舍友在一起。这很正常嘛，他可能更享受一个人的自由自在，怎么舒服怎么来呗！

王晨成天笑嘻嘻的，看起来为人挺随和，有次我擦桌子时，没经他允许好心帮他擦了一下，而且稍微挪了一下他桌子上的书，他说我侵犯了他私人空间，不让我动他桌子上的东西。原来他虽然随和，但对自己的私人空间很看重，以后我得注意喽。

像王佳怡这样看人，有什么不一样吗？

问题还是那些问题，可是角度变了，着眼点就发生了变化：王佳怡虽然也说了别人与自己的不同，但重点是尊重和理解这些差异，并在此基础上调整与别人相处的方式。这样的视角，显示出对别人的一种尊重。跟这样的人相处，让人没有被控制的感觉，大家都轻松自在。

（三）在意他人感受，重视他人利益

情商高的人会站在对方的角度思考问题。比如，即使双方意见不同，也不会固执己见，而是先试着从别人的角度去看问题。这样做不仅可以体现高情商，还能化解矛盾、解决问题。

徐嘉敏看上去活泼开朗，很好相处，但不知为什么，与她接触过的人大多对她评价不高。

她与李小月合住一间宿舍，刚开始小月觉得她性格直爽，挺好相处的。但没过几个月，她的感觉就完全不一样了。

嘉敏很喜欢问小月：“你这包是哪儿买的？什么牌子？”

第一次问的时候，小月笑着说：“某宝上买的，没什么牌子。”

嘉敏就撇着嘴说："我就说嘛！一看这包的质地、款式就知道不是什么正路货。你看我这个包，这是××牌子，3 000元，还是打折后的价格呢。这不算什么，随便背一下而已。我有个包是去年圣诞节跟我表姐一起去香港买的，2万元。我表姐买的是限量版，十几万元，眼睛都不眨一下就买了！你这包快扔了吧，你长这么漂亮，背这么个包，太寒酸了！"

一番话下来，说得小月既尴尬又难堪。

嘉敏最爱聊的，除了包还有她的鞋子、衣服，以及她去过哪些国家，见过哪些名人等。

小月不想聊这些，她家境一般，父母供她和弟弟读书已经很辛苦了。嘉敏说的那些品牌，小月没有听说过，也不感兴趣。每次嘉敏用居高临下的语气说小月的发型、服饰、包、鞋子时，小月都很反感，但嘉敏却毫无感觉，每次还是照说不误。

嘉敏说话、做事不在意他人的感受，只是一味地沉浸在自己的世界里，时间一长，确实容易引起他人的反感。

想一想

在与他人相处的过程中，在意他人感受、重视他人利益有哪些具体表现？

练一练

徐嘉敏所在的办公室比较大，有7位同事一起办公。如果哪位同事给客户打电话谈业务，谈话时间稍微长了一点儿，徐嘉敏就会一脸严肃地提醒他：工作时间不要煲电话粥。但是，她自己打起电话来，却常常是声音又高时间又长。

徐嘉敏这是什么问题？怎样帮她改正？

三、互惠互利

人际交往还要讲究互惠互利原则。

中国人讲究礼尚往来，“来而不往非礼也”，以及成语“投桃报李”，说的就是这个道理。

当我们在日常生活中得到他人的关照时，以某种合适的方式回馈对方，以表达自己感激的心情，这就是互惠互利。

表达自己的感激心情，并不仅限于赠送礼品。虽然我们平时不一定把对别人的感激之情挂在嘴上，但一旦对方遇到什么困难或麻烦，马上出手相助，问一声：“我能帮些什么？”帮着做些力所能及的事情，也是一种很好的礼尚往来的方式。

乐于助人、主动惠及别人，是增进与维护人际关系很好的途径。同样，如果别人施惠于我们，那么及时表达感激之情，适时回报对方，也是值得铭记和践行的人际交往准则。

就像这样——

你利用中午时间帮文姐修好了电脑，文姐也没有闲着，利用这段时间，主动帮你把上报领导的那份材料打印、装订好了。

马亮近期在接触一个新客户。与客户交流过几次后，他发现客户对他们公司另一款产品更感兴趣，但是那款产品是由同事陈文平负责的。马亮毫不犹豫就把客户介绍给了陈文平，并与陈文平一起做好产品的推介，客户感到很满意，很快就签了单。陈文平遇到与马亮业务有关的客户，也会主动转给马亮。其实，在马亮所在的部门，大家都是这样做的。

肖东他们喜欢把衣服晾到天台上，那样干得快些。可是夏季天气多变，时常下雷阵雨。每次都是曹阿姨及时帮他们把衣服收回并叠好，等他们下班时交给他们。肖东他们很感激曹阿姨，于是经常去帮曹阿姨擦玻璃、打扫卫生。曹阿姨做了好吃的，也经常叫他们过来吃。有一次，曹阿姨半夜突发心脏病，肖东和王有豪帮着抬到救护车上，还去医院探望、陪床。曹阿姨说，这两个年轻人像自己儿子一样亲。

但是也有一些人似乎不太注意礼尚往来，尤其是在一些小事上会显得很“不拘小节”。殊不知，恰恰是这些小事、小节，才更能暴露出一个人的修养。

王曙光所在班级的微信群里，经常玩儿“抢红包”游戏，大家约定每次手气最佳者要接着发红包。这样的约定主要是为了活跃气氛，钱虽然不多，但大家玩儿得挺开心。王曙光每次都只抢不发，无论大家是暗示还是直接提醒，他都无动于衷。时间长了，就有人在群主那里“吐槽”他。终于有一天，群主半开玩笑半认真地说：“曙光你聊天不积极，抢红包倒是不落后，这样没法儿一起玩儿啊！”

一个小小的红包怎么就让大家觉得“没法儿一起玩儿”了呢？

这是因为无论多么小的事情，都讲究一个“有来有往”“互惠互利”。人脉和友情都是在这些细节中渐渐累积起来的。说到底，大家并不是计较钱的事，而是从中观察和判断王曙光这个人是否值得交往。

《诗经》是广为流传的经典作品，其中有一首诗写道：“投我以木瓜，报之以琼琚。匪报也，永以为好也。”意思是，你送给我一个木瓜，我回赠你一块玉佩。不是为了回报你，而是为了与你永远交好啊。

礼尚往来讲究的是“往来”以“礼”——来而不往非礼也。

李刚找到母校班主任王潇老师帮忙招工。王潇老师觉得李刚是自己的学生，向自己求助，自己应该帮忙，就在应届毕业生中找了一些各方面素质都不错的学生，动员他们去了李刚所在的公司。后来，李刚发现档案中少了一份材料，又找王潇老师帮他开证明。从他毕业到现在，来来回回找王潇老师帮忙办了不少事，李刚每次都说：“老师，下次找机会请请您啊！”王潇老师都笑着说：“客气啥！”

前些日子王潇老师因为做课题需要到企业调研，恰好李刚所在公司的主营业务与课题主题相符，王潇老师就拜托李刚帮忙联系一下他们公司的领导，可是李刚却说："我们公司太小了，没什么调研价值，您还是找别的大公司吧。"就这样把王潇老师拒绝了。没过多久，李刚听说母校成教处与石油大学联合办班，就又来找王潇老师，想让王潇老师帮他办个免试入学。一向很热情的王潇老师这次显得有些冷淡，他说："这是成教处办的，我不了解。你去问问成教处的老师吧。"李刚不乐意了："我跟成教处的老师不熟悉啊，您帮我问问吧，等事情办成了我好好请请您！"王潇老师说："不用了。"

李刚觉得王潇老师以前有求必应，现在这么点儿小忙都不肯帮，一定是因为上次自己没答应帮他联系到公司调研，王老师真够小心眼的！

为什么王老师以前对李刚"有求必应"，而现在却断然拒绝他呢？你觉得王老师是"小心眼"吗？

显然不是这样。在人际交往中，如果适当地"麻烦"一下别人，会提升对方的重要感和价值感，令对方对我们好感倍增，从而增进彼此关系。不过，需要注意的是，我们虽然可以麻烦别人，但不代表别人有义务来帮助我们。麻烦别人的时候，需要有尺度和界限，不能把对方的帮助当成理所当然。

王潇老师因为李刚是自己的学生，所以尽可能去帮他。但是当他有求于李刚时，李刚却连尝试一下帮忙都不愿意。李刚这样做，是典型的只索取不回报，只有"往"没有"来"，不合"礼"。

人与人之间出于真诚的互惠互助是美好的。与人交往，不能带有功利色彩，更不能别有用心。不能因为某个人"有用"就曲意奉承，也不能因为有求于别人就假意示好。这种带有功利性的"小恩小惠"一旦被人识破，就会适得其反，从而失去别人的信任，也不会得到真诚的回馈。

另外，在请求别人帮助时，尽量不要让别人为难。

小贴士

遵循互惠互利原则需要注意的事项

1. 乐于助人与适当求助（不使别人为难）相结合。不可以只索取别人的帮助，而不予以适当回报。

2. 区分互惠互利与互相利用。互惠互利是相互帮助，这种行为出自真心；而互相利用则多出于“算计”和“别有用心”，双方往往把自己的付出作为交换条件，想要得到更大回报。

3. 避免不恰当利用人际关系，办一些违背法纪的事情。

课后练习

1. 总结一下，本课介绍了几种有助于“增进和维护人际交往”的方法？与小组的伙伴们一起把要点概括出来，做成思维导图吧。

2. 分析案例，回答问题。

中午休息的时候，赵姐把王佳怡拉到一边，神秘兮兮地说：“你知道昨天小田跟刘姐吵什么吗？我听说她俩以前……”王佳怡却突然一拍自己的额头，叫道：“哎哟我这记性！领导要我送一份材料给她，我怎么给忘了呢！”说完就急匆匆地跑开了。赵姐愣了一下，半天才反应过来：不是说领导下午才要那份材料吗？

（1）王佳怡为什么假装给领导送材料？

（2）她的做法给我们怎样的启示？

（3）请你使用夸赞模板，夸一夸王佳怡刚才的做法。

第四课　处理人际关系冲突

学习目标

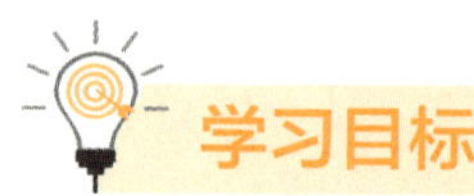

1. 能把人际关系冲突作为关系改善的契机，通过合适的方法化解冲突。
2. 掌握应对冲突的基本方法，能够处理、化解某个给定的人际交往情境中的冲突。
3. 能对自己处理冲突的方式进行自我评估。

翻转课堂

本课导读

处理人际关系冲突

- 保持宽容，减少冲突的发生
  - 善于原谅
  - 换位思考、控制情绪
- 高效沟通，化解已有的冲突

一、思考

1. 你与身边的人最近产生过冲突吗？你是怎样解决的？结果如何呢？试着和同学们分享一下吧。你考虑过如果使用不同的方法处理你们之间的冲突，会有什么不同的结果吗？

2. 如何区分原则性冲突与非原则性冲突？

二、简析

在横线处填上你认为恰当的内容，并说明理由。

王有豪比赛失利，回到公寓垂着头坐在窗台上一言不发，看上去非常沮丧。肖东走过去想安慰他。谁知还没开口，王有豪就气冲冲地说："谁用你安慰！"肖东愣了，觉得王有豪＿＿＿＿＿＿，就＿＿＿＿＿＿。王有豪说："＿＿＿＿＿＿＿＿＿＿。"

肖东＿＿＿＿＿＿＿＿＿＿＿＿＿＿＿＿＿＿＿＿＿＿＿＿＿＿＿＿＿＿＿＿＿＿＿＿＿＿。

这样填写的理由：

＿＿＿＿＿＿＿＿＿＿＿＿＿＿＿＿＿＿＿＿＿＿＿＿＿＿＿＿＿＿。

＿＿＿＿＿＿＿＿＿＿＿＿＿＿＿＿＿＿＿＿＿＿＿＿＿＿＿＿＿＿。

＿＿＿＿＿＿＿＿＿＿＿＿＿＿＿＿＿＿＿＿＿＿＿＿＿＿＿＿＿＿。

请帮助肖东解决与王有豪的冲突。

人际关系冲突是十分普遍的现象，有时候也是难以避免的。可以说，只要有人群的地方，就必然存在各式各样的冲突。

肖东和张文是同班同学，毕业后都在开发区工作，又都喜欢打羽毛球，所以周末两人相约一起打球，这样已经有一年多了。在这段时间里，他们不仅球技有了很大提高，打起球来也更加默契了。

但是，前不久这种状态被打破了——肖东又约了几个爱好羽毛球的朋友一起打球。由于新来的这几位朋友技术水平比较低，肖东经常要陪他们练球、指导他们。而张文觉得和他们打球会影响自己技术水平的提高，他更喜欢单独和肖东打球的默契感觉。张文和肖东说出了自己的感受，但是肖东觉得张文的想法实在没有必要，人多一起玩儿更有意思。因为对这件事的看法不同，两人激烈争执了起来。

如果满足以下 3 个条件，个体与个体之间的冲突就产生了。

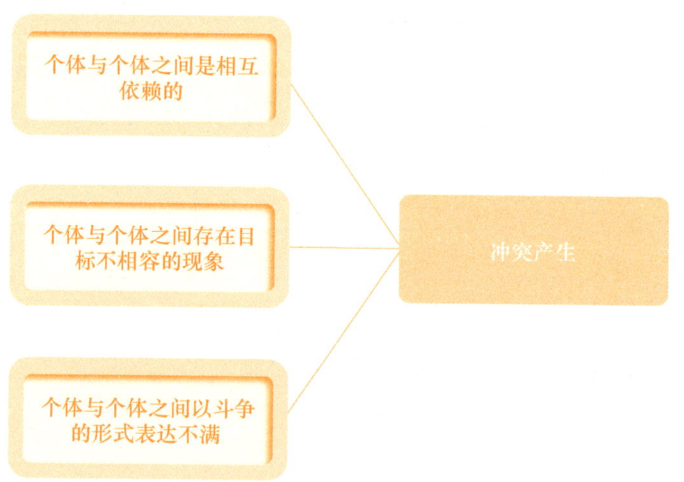

首先，个体与个体之间是相互依赖的。两个人打羽毛球，少一个人另一个就无法打，相对固定的球友关系让肖东和张文感受到对彼此的依赖。假如他们不是球友，那么肖东邀请任何人打球都不会引起和张文的冲突。

其次，个体与个体之间存在目标不相容的现象。张文喜欢和肖东单打，享受二人单打带来的快乐；而肖东却认为人多更快乐。两人目标不一致，冲突产生。

最后，个体与个体之间以斗争的形式表达不满。肖东邀请其他球友双打时，张文感觉失去了和肖东单打的机会，因此表达出自己的不满。肖东有自己的看法，没有接受他的意见，二人于是争吵起来。

其实，文化、价值取向、成长环境、生活习惯、受教育程度等因素的不同，都有可能引发个体与个体之间的冲突。

发生冲突并不可怕，但要学会主动而妥当地处理。如果处理得好，冲突反而能够让彼此加深了解，也让一些隐藏的问题得以暴露，从而引起双方重视，最终促成问题的解决。

只要我们对冲突产生的原因进行准确分析，针对不同类型的冲突，采取有效的处理方法，就很有可能化冲突为和谐。

在肖东和张文的冲突中，并没有涉及道德、法律、纪律等原则性问题，所以属于非原则性冲突，是可以调和的。

相信我们通过学习之后，能够克服畏惧心理，学会正确处理人际交往中的冲突，让自己拥有和谐的人际关系。

议一议

如果你是肖东，你会如何化解两人之间的冲突？

如果你是张文，你会如何化解两人之间的冲突？

与同桌一起讨论一下吧。

一、保持宽容，减少冲突的发生

化解冲突最好的阶段不是在冲突已经发生时，而是在他人对自己的正当利益造成损害时。这时，如果能够妥善处理，就可以将可能产生的冲突化于无形。

这个时候，善于原谅、换位思考和控制情绪就起到关键作用了。

（一）善于原谅

选择原谅他人前，要先分辨清楚什么事情可以原谅。

如果对方逾越了道德、法律、纪律的底线，对自己的正当利益造成损害，这个时候就不宜滥用原谅，要区分大度和纵容之间的差别。此时，要弄清楚彼此需求的差异到底在哪儿，然后尽量尊重差异，寻找双方利益共同点，求同存异。

当对方并未逾越道德、法律、纪律的底线，也没对自己的正当利益造成损害，这个时候选择原谅，是一个减少冲突发生的较好方法。

王佳怡和林甜甜在东岳公司财务科工作得挺开心，两个人因为是同一年来工作的，有不少工作上的共同话题，所以相处起来格外融洽。

平静的工作氛围总是不乏小插曲。快下班了，王佳怡开心地告诉林甜甜："科长着急要的一份材料，我忙了一天，终于整理装订好了，过一会儿就交给科长。好累！今天下班后可以好好休息一下了。"说完，王佳怡就把材料放在桌子上去洗手间了。林甜甜听后也为王佳怡感到高兴，她受王佳怡的感染，也准备开心地继续工作。谁料，经过王佳怡桌子时，有些毛躁的她，衣角带翻了桌边上的水杯，一大杯水就这样把材料打湿了！林甜甜立即慌了，手忙脚乱地找纸吸干水。王佳怡看到湿淋淋的材料，整个人都愣住了。不过，她很快调整好自己的情绪，面对一脸愧疚的林甜甜，她故作轻松地说："没事儿，你又不是故意的，这种突发情况很正常，况且我也不该把水杯放在桌子上。我马上跟科长商量一下，看看材料能否明早再给她，今晚我熬个通宵赶出来。不过，你哪天得请我吃顿饭将功补过哦，哈哈。"林甜甜听王佳怡这样说，也松了一口气，连忙说："吃饭管饱，哈哈。今晚不能让你一个人加班，我跟你一起整理，保证明天一早就交给科长。我也得注意，类似的错误绝不能发生第二次。"

请大家思考一下：这个案例中林甜甜对王佳怡有利益损害吗？是可原谅的还是不可原谅的？

在这个案例中，林甜甜对王佳怡的利益损害是比较明显的：她把王佳怡辛苦整理的材料打湿了，使得王佳怡没法按时交差，还得通宵赶工。林甜甜的失误对王佳怡的工作成果、休息时间和身体健康都产生了影响。

那么，林甜甜对王佳怡的利益损害是可原谅的吗？这要具体分析。如果林甜甜是有意为之，那就是触及道德底线的做法，这个时候王佳怡应不应该原谅她，得把握好尺度。从案例中可以看出，林甜甜确非故意，因此可以认定她的失误是可原谅的。

案例中王佳怡的做法是有智慧的：

首先，她根据对林甜甜的了解和当时的情境，迅速做出了判断：林甜甜的行为对自己的利益的确造成了损害，但她并非故意，是可以原谅的。

其次，她没有陷入沮丧的情绪之中，没有抱怨和指责，也没有伤心和绝望，而是迅速控制住了局面：一是从自己的身上找不足，以减少林甜甜的愧疚感；二是准备立即去跟领导沟通，争取赶工时间，解决问题；三是开玩笑地让林甜甜请吃饭“将功补过”，提醒林甜甜她也确实犯了小错误。这样的做法，既快速打消了林甜甜的紧张感，缓和了气氛，也让工作的损失降到最低。

林甜甜的做法也可圈可点。她大方地承认失误，主动道歉，并选择和王佳怡一起加班完成任务，用行动来帮助王佳怡“止损”。同时，她也认识到这个失误不可以再犯。

小贴士

当别人的过错给我们带来损失时，我们要认识到，损失已经发生，如果纠缠于“为什么”会出现这种情况以及对对方动机（是不是故意的）的追究上，不仅于事无补，还可能使问题更加恶化。所以，当务之急是及时“止损”。

练一练

1. 某网站针对“好室友标准”做了一个问卷调查。统计结果显示：好室友十大标准中，“宽容待人，不斤斤计较”这条，位列第一。这说明：

①宽容更容易赢得友谊，获得更多朋友。

②宽容是中华民族传统美德，是必备的道德品质。

③善于宽容，利人利己，受人尊敬。

④宽容就是要善于原谅他人所有的过错。

你认为以下答案哪个正确？

A. ①②④

B. ①③④

C. ①②③

D. ②③④

2. 除了像王佳怡那样谅解别人的过错，还有什么好办法可以减少潜在的冲突？

（二）换位思考、控制情绪

有时，对方对我们的正当利益造成了损害，虽然这时对方的行为是可原谅的，但是如果对方有不礼貌的语气或动作，还是很容易挑起我们的情绪，进而引发激烈冲突。在这种情境下，尝试换位思考、控制情绪，采取恰当的措施控制事态，使之朝和气的方向发展，是可以重点考虑的策略。

王有豪比赛失利，回到公寓垂着头坐在窗台上一言不发，看上去非常沮丧。肖东走过去想安慰他。谁知还没开口，王有豪就气冲冲地说：“谁用你安慰！”肖东被吼愣了。

如果你是肖东，你会怎样回答王有豪？

肖东想去安慰王有豪，可是王有豪却出言不逊，不仅不领情，态度还那么恶劣。如果肖东没有换位思考，没有控制好自己的情绪，结果会是怎样呢？

接下来，请大家与同桌分角色扮演王有豪和肖东，将下面 3 种情境表演出来，看看不同的处理方式会带来怎样不同的结果。同时也请同学们思考：

假如你是肖东，你会是哪个情境里的肖东？

3 个情境，3 种结果，你喜欢哪个结果？

【情境一】王有豪比赛失利，回到公寓垂着头坐在窗台上一言不发，看上去非常沮丧。肖东走过去想安慰他。谁知还没开口，王有豪就气冲冲地说："谁用你安慰！"肖东愣住了，心想：这人怎么这么不识好歹！于是"哼"了一声，就转身离开了，此后他一直不理王有豪。王有豪想跟肖东和好，又拉不下脸，两人就这样僵持了 1 个多月，这 1 个多月里两人情绪低落，做什么事都提不起兴趣。

【情境二】王有豪比赛失利，回到公寓垂着头坐在窗台上一言不发，看上去非常沮丧。肖东走过去想安慰他。谁知还没开口，王有豪就气冲冲地说："谁用你安慰！"肖东愣住了，心想：真是狗咬吕洞宾不识好人心，平时对他那么包容，现在他居然这么无礼，真是岂有此理！于是肖东忍不住破口大骂："你小子疯了吗？你跳那么个破舞，没得奖关我什么事儿？朝我耍什么威风？"王有豪更火了："你胡说什么？信不信我削你？"肖东也跟着发火："你敢！"两人越说火越大，动手打了一架，然后王有豪搬出去了，肖东一个人对着空了一半的屋子，心里很难过。

【情境三】王有豪比赛失利，回到公寓垂着头坐在窗台上一言不发，看上去非常沮丧。肖东走过去想安慰他。谁知还没开口，王有豪就气冲冲地说："谁用你安慰！"肖东愣住了。他看着王有豪，没有说什么，转身离开了。不过他并没有走远，而是下楼买了两瓶王有豪最喜欢喝的凉茶，默默放在他旁边后就去看书了。到了吃饭的时候，他看王有豪还坐在那里发呆，就过去拍拍他的肩膀，说："别想了，去吃饭吧。"王有豪早就为自己刚才的失礼感到后悔了，看到肖东没有跟自己计较，更是惭愧。他低下头说："刚才，对不起哈！"肖东笑着说："没事！我知道你的感受。你为这个比赛准备了那么久，结果没发挥好影响了成绩，没取得好名次，心里不好受。咱们之间这么熟，你什么样我还不了解！走吧，去吃饭，今晚我请客，吃凉皮！"肖东知道王有豪最喜欢吃凉皮。果然，王有豪从窗台上跳下来，说了声："谢谢哈！"两人相视一笑，互相搭着肩膀走出去了。

3 种不同的处理方法分别产生了怎样的结果呢？

第一种是"冷处理"。在双方矛盾刚产生时，为了防止矛盾升级，采取"冷处理"是合适的。但是"冷处理"是为了暂时搁置争议，而不是"打冷战"。情境一里的肖东那样做，虽然没有让矛盾升级，但使双方打起了冷战。冷战打得越久，双方心里的"疙瘩"就越难解开。"打冷战"的结果，是把彼此间的关系真给处理"冷"了。

第二种是“热处理”。冲突发生后，双方各不相让，你嗓门大，我嗓门更大；你说话狠，我比你更狠；你敢撸袖子，我就敢挥拳头。总之谁也不肯先低头。结果只能是让矛盾升级，导致冲突发生。情境二里的肖东，听到王有豪出言不逊，立即予以回击，结果两人“杠”上了。由言语冲突变成肢体冲突，让事情进一步恶化，最后二人友谊破裂。这种处理方法，使双方只获得了一时之快，却留下持久的不良影响：一是双方友谊破裂；二是双方都会有挫败感，心情变得糟糕；三是都给对方留下了“不冷静”“不会处理人际关系”的印象。如此种种，可谓是两败俱伤，得不偿失。

第三种是“巧处理”。情境三里的肖东，始终表现出一种比较强的自控能力和共情能力。当王有豪情绪激动时，他没有计较，采取了“冷处理”而不是“打冷战”的方法。他买了王有豪喜欢喝的凉茶放在他身边，表达出自己的善意；看到王有豪仍然没有走出失败的沮丧，就继续离开，给王有豪留出独自面对自我的时间和空间。但这段时间不宜太长，要找到一个合适的契机打破僵局。肖东找到的契机是吃晚饭。他请王有豪吃凉皮，加上他诚恳的一番话，给王有豪搭好了下来的台阶，王有豪也主动道歉，领了肖东的好意。这样两人之间的矛盾冲突得到了圆满的解决。

肖东面对王有豪的情绪波动，能够换位思考、控制情绪，采取恰当的方法化解，不但减少了两个人的冲突，而且加深了彼此的友谊。

小贴士

提高情绪控制能力的方法

1. 在想发火之前，深呼吸，同时在心里默数 10 个数。

2. 感觉情绪变差，在冲突爆发前，选择离开现场，换个环境，冲淡情绪。

3. 换个角度看问题。面对不好的事情，学着运用“幸亏……”句式，马上找出至少一点好的地方。

4. 尝试反思：这件事中，我做的真的一点儿问题都没有吗？

5. 尝试思考：我和对方产生了哪些情绪？这些情绪背后隐藏了哪些需求？我们的需求有没有交集部分？

6. 读书。无论何时，读书均有助于修身，可以让我们更加明晓事理。

练一练

德耿的妹妹痴迷于追剧，耽误了功课，被老师批评了一顿。德耿劝说妹妹及时补上作业，妹妹嫌他啰唆，说着说着，两人快要吵起来了。这时德耿拍案而起：“我去找你们老师！”说罢，转身出门。

妹妹追出去问：“你找我们老师干什么？”德耿说：“投诉他！”

妹妹不解地问：“投诉我们老师？为什么？”

德耿说：“我妹妹喜欢追剧有啥错，没写作业有什么了不起，大不了考不出好成绩、上不了好大学。我妹妹无所谓，我也无所谓！让我们兄妹为这事儿红脸，那可不行！”

妹妹惭愧地说：“哥哥，是我不对，别找我们老师了。”

德耿笑了：“知道自己不对，下一步该怎么办？”

妹妹没有说话，而是回到屋里，打开了书本，开始做作业了。

请与同桌一起分析：德耿是怎样让自己与妹妹不起口角的？

二、高效沟通，化解已有的冲突

面对已经产生的人际冲突时，我们是想要化解的，于是我们想到了沟通。但仔细想一想，我们的沟通方式是否达到了目的？我们的沟通方式是高效的吗？

除了“打冷战”和“嘶吼风”这两类沟通方式外，还有没有其他沟通方式，不仅可以让双方没有那么多怨气，还可以一起找到解决问题的办法呢？

当然有。我们把这种沟通称为“高效沟通”。

能尝试去沟通已经不易，要实现“高效沟通”就更需要好好学习了。

那么，应该如何进行高效沟通呢？以下几个关键步骤，需要牢牢掌握。

小贴士

高效沟通的 4 个步骤

1. 明确沟通目标

在沟通前问清楚自己，双方的冲突点到底在哪里，自己或是双方希望达成的目标是什么，什么样的目标对双方是有利的，不希望造成的后果是什么。在沟通之初就要明确说出自己希望达成的目标是什么。同时，在沟通之初或之中要尽快明确对方的沟通目标，进而明确双方通过沟通要达到的共同目标。沟通过程要始终围绕共同目标展开，与目标无关的话题不多聊。

2. 营造安全的沟通氛围

要选取合适的沟通时机和场合。展开对话前，可先赞美对方或适度进行自我批评，以便营造一种轻松和谐的谈话氛围。

3. 把握好沟通过程

了解对方真实动机。放下自己的成见，用心倾听对方的感受和需求，不拿自己的标准要求他人，或站在自己的立场猜测他人的动机。应站在对方的立场思考其面临的问题，感受对方的困扰。

双方表达感受。坦诚告诉对方，他的哪些做法带给了自己哪些不好的感受，自己希望对方怎么做。同样，也要鼓励对方坦诚分享自己的做法带给他的感受，以及他的期望。

注意态度和用语。用建议、请求、商量、赞美代替命令、指责、抱怨和讥讽。

4. 达成共同的协议

围绕共同目标，双方一起思考解决办法，进而得出双方都接受的协议。一个共同的协议是一次沟通完成的标志。如果没有形成这样的协议，就不能算是达成目标，完成沟通。

现在让我们一起运用高效沟通的4个步骤，帮助肖东和张文化解他们之间的冲突吧。

因为对两个人打球还是一群人一起打球这件事的看法不同，肖东和张文之间发生了口角。一连好几次，张文都不再去找肖东打球。肖东决定找张文谈谈。

肖东该如何跟张文“谈”呢？

让我们按照高效沟通的步骤，帮助肖东制定一个方案。

第一，明确沟通目标。肖东在跟张文沟通之前就要明确，将要进行的这次沟通要达到什么目标？这个目标是自己与对方都愿意接受

的吗？

确立了自己的目标之后，才能进一步创建与对方的共同目标。

沟通一定要有一个目标，否则就不是沟通，而是闲聊。有一个明确目标可以让自己在沟通之初做到方向明确、心中有数。在沟通过程中，如果遇到沟通不畅而爆发新冲突时，可以以此提醒自己，克制本能冲动，不要偏离方向，要紧扣目标展开对话。

那么，肖东要找张文谈之前，该确立怎样的沟通目标呢？

肖东要找张文进行沟通，是因为他觉察到两人之间产生了冲突，他希望通过沟通，消弭分歧、重建友谊。这就是他的动机，也就是他的沟通目标。

第二，营造安全的沟通氛围。什么是安全的沟通氛围呢？安全的沟通氛围包括两个要素：合适的沟通场所和时机、宽松亲切的沟通状态。

人在心情舒畅的时候进行沟通，会更容易放下戒心、敞开心扉。如果选择在喧闹的环境中或是在对方心情烦躁的时候进行沟通，效果是很难保证的。

沟通过程中要避免出现攻击性语言。指责、抱怨都可能导致对方反感甚至抵触、敌对，破坏沟通氛围的安全性。遇到对方的指责、抱怨或其他攻击性语言时，要心平气和，保持冷静克制。同时，也要尽量帮助对方消除负面情绪，保持平和，这样沟通才不会偏离方向。

肖东可以怎样做？

请同学们帮他选择一个适当的环境——对话在哪里进行合适？

再制定一个预案：如果张文指责或抱怨他，肖东应如何应对？

第三，把握好沟通过程。首先，了解对方的真实动机。这是双方一起想出有效解决办法的重要基础——不了解对方的真实想法，怎么“求同”呢？

肖东可以先通过倾听并提问，获知张文的真实动机，然后表达自己的动机。只有通过倾听，了解对方的观点，才能发现双方的分歧所在，找到双方的共同点，为创建共同目标打下基础。

提问是获取信息的重要方法。恰当的提问，既可以促使对方袒露心声，又可以让双方加深理解。当我们提出问题时，如果我们理解有误，对方会予以纠正，从而帮助我们正确理解其需求和动机。

在倾听的时候要注意角色互换，努力将自己置于对方的位置。了解对方的所思所想，能够让我们更清楚地获知对方的观点，真正了解其面临的压力及深层想法。

其次，双方表达感受。肖东可以引导张文说出自己当时的做法带给张文的感受，以及张文希望自己怎么做。同时，肖东可以在之后表达张文的反应带给自己的感受，以及自己对张文的希望。

通过沟通，肖东和张文会更加明白对方的想法和感受，也更容易找到两个人沟通的共同目标。

看看肖东这样做之后，取得了怎样的效果。

通过对话，张文说出了自己的真实想法：张文觉得肖东以前挺好的，球技也很好，跟他一起打球自己的水平有了很大提高，他希望能继续这样。但是肖东的朋友们来了之后，很明显他的关注点更多放在那些人身上了。他试图让一切恢复到以前的状态，所以跟肖东表达自己不喜欢一大堆人一起打球的感受，但肖东不理解，反而劝说他跟大家一起玩儿，认为人多、组合多，打球更有意思。这让张文有一种被忽略、受冷落的感觉。

肖东注意到了张文表述的基本观点：希望继续跟自己一起打球，并使球技得到进一步提高；不希望被忽略和冷落。随后，肖东告诉张文，他之前只是觉得多一些人打球会更热闹一些，绝没有故意忽视张文的意思。张文第一次告知自己的感受时，他觉得这不是什么事儿，没想到张文是认真的。

肖东发现张文与他的沟通目标有很多共同点：他也不希望失去张文这个朋友，希望能继续一起打球。

这样，就可以确定两人的共同目标了。

"我把你当作好朋友，但你却没当回事儿！"张文这样说。这句话带有比较明显的指责和抱怨情绪，一般情况下我们听到这样的话，会本能地予以反驳。比如，简单直接地否定："我不是。""我没有。"或者，把过错推给对方："你要这样想，我也没有办法。"我们很多人遇到这种情况都是这样应对的吧？如果肖东也这样回答，谈话会出现怎样的结果呢？

那样会导致沟通偏离方向。肖东没有那样做。他注意到张文表述的基本观点：希望继续跟自己一起打球，并使球技得到进一步提高；不希望被忽略和冷落。这是主要的。于是肖东首先把自己的理解用提问的方式表达出来："你是说，你愿意继续跟我一起打球，我这样表述对吗？你觉得我不把你当好朋友，忽略和冷落了你。我这样理解你的话，对吗？"

这些提问得到张文的肯定。那接下来，肖东该怎样做呢？

用夸赞对方、道歉等方式重建安全的沟通氛围。“咱们是老同学，又是铁搭档，从这个角度看，真抱歉我让你产生这样不愉快的感受！”用谦虚的态度平息对方心头涌起的不满情绪，这样才能换来安全沟通氛围的重建。

接着，对比说明，消除误解。

张文认为肖东不把他当好朋友。为此，肖东需要通过对比法来消除误会。

对比法包括两个部分：一个是否定部分，另一个是肯定部分。否定部分：消除对方的误解。肯定部分：确认对张文的重视，明确双方拥有共同目的。

肖东可以这样运用对比法。否定部分：我不希望你认为我不重视咱们的友情。肯定部分：相反，我认为我们既是老同学，又是好球友，关系比跟他们更铁。而且，我也非常希望能继续跟你一起打球。

这样一来，就可以让沟通的氛围恢复到正常水平，两个人可以继续讨论，朝着共同目标进发了。

第四，达成共同的协议。明确了双方的共同目标都是保持友谊，并且继续一起打球，也明白了自己和张文起冲突的真实原因后，肖东就可以和张文一起商讨，如何达成共同的协议了。

最后的共同协议没有标准的范本，只要双方感觉受到尊重并且实施起来行之有效即可。

在达成协议的过程中，肖东和张文要充分重视对方提出的解决方案，一起商量，共同决定最终采用哪个方案。

“你不喜欢很多人一起打球，我很理解。你看咱们这样解决这个问题行不行？咱们仍旧按照老规矩，每周周末一起单独打球，我另安排时间跟那些朋友打球。这样两边兼顾一下，你看可以吗？”

如果肖东的这个方案得到张文的认可，那么这次沟通就基本完成了。

当然，这不是唯一的答案和结果：

张文听了肖东的话，知道肖东并不是不重视他们的友情，相反，是肖东觉得他们的关系更铁一些，这样，他心里的“疙瘩”就解开了。于是他对肖东说：“谢谢你这样用心的安排。我现在仔细想了一下，发现自己也不是那么不喜欢跟大家一起打球。我们还是跟以前一样，和大家一起玩儿吧。”

“太好了！”肖东高兴地拍起手来。

当人际冲突发生时，想要化解，可以有很多办法。

每一种方法都有它的优势和弊端，到底使用哪种方法，要根据情境和冲突对象的不同灵活选择。

小贴士

沟通时常会出现的误区与改进措施

误区	改进措施
双方准备通过对话化解冲突前，不知道到底要化解哪些冲突，不清楚最终要达到什么目的，不明白化解冲突是为了解决问题而非争输赢，结果导致对话时重点不突出，最后不欢而散	对话前，双方都要问清楚自己，冲突点到底在哪里，自己不高兴的原因到底是什么，自己或是双方希望达成的目的是什么，不希望造成的后果是什么。对话时本着事先想好的目的展开，与目的无关的话题不多聊
双方通过对话化解冲突时，没有选取一个合适的场合和时机，导致对话低效甚至起反作用	双方通过对话化解冲突前，要选取一个合适的时机和场合。展开对话前可以先赞美对方或是适度进行自我批评，营造一种自然和谐的谈话氛围
在通过对话化解冲突的过程中，大篇幅评价谁对谁错，一味发泄怒火甚至夹带人身攻击。例如，使用“你总是……”“你肯定是想……”“你又……”“你根本不在乎……”这类话语模式	表达自己的感受和需求时，只需说明对方的何种行为带给自己何种感受（如害怕、伤心、愤怒、恐惧等），对方如何做自己感觉会更好，为什么这样做感觉会更好。整个过程要尽量使用客观的事实或是数据，不随意猜测对方动机，不指责或评判对方，这样会更有说服力，也不容易让对方应激，为了保护自己，努力为自己辩护
在通过对话化解冲突的过程中，拿自己的标准去要求对方或站在自己的立场去体会对方的感受，无法真正产生共情。用命令甚至威胁的口气同对方说话。例如，使用“你以后注意点！”“你不要再这样了！”等比较笼统的祈使句	站在双方的立场而不是自己的立场去思考双方面临的问题，感受双方的困扰，发掘双方共同的利益和需求。用建议、请求、商量代替命令，清晰地表达我们要什么和我们不要什么，尊重对方的建议，引导对方得出共赢性的结论但又让对方觉得任何主意都是由他自己想出来的
在实施解决方案的过程中，希望实施效果是完美的	实施过程中出现偏差属于正常现象，发现后及时对话，及时回归即可

课后练习

1. 避免冲突的要点还记得吗？高效沟通的四步骤呢？请将本课中对你有启发的方法用思维导图呈现，并能够熟练地陈述。

2. 你和同学或者工友、朋友发生过冲突吗？你们是怎样解决的？学过这一课后对你有什么启发吗？如果处理得当，你们的冲突可以避免吗？如果不能避免，可否尝试用学过的高效沟通的方式解决呢？请以小组为单位，选取一个比较典型的冲突，在台上表演用高效沟通方法解决的过程。表现最好的3组将表演过程拍成视频，放到班级视频成果展示区。

3. 请运用高效沟通的基本方法，为案例中的杜航佳和陈曦找出沟通的误区，以及改进的方法。

杜航佳和陈曦毕业后合租一套公寓，生活得挺惬意。但随着时间的推移，两人在生活习惯上的差别逐渐显现出来。杜航佳比较细致，喜欢把一切都收拾得井井有条；而陈曦虽然人很好，但在生活习惯上却有些大大咧咧、不拘小节，她常常随手乱放物品，也不主动清理垃圾。一开始，陈曦还和杜航佳一起买菜、做饭、收拾厨房，后来干脆只一起下班买菜，其他的都不怎么做了。杜航佳考虑到两人是同学，又同住一套公寓，不想把关系弄僵，就一直忍着。

有一次，杜航佳出差，陈曦把杜航佳刷好的碗筷用完后，便随手放在了厨房，忘了刷。正好领导布置了一项紧急任务，陈曦那段时间每天都要加班，晚饭都是随便叫个外卖对付一下，根本没有进过厨房，也完全忘记还有碗筷没洗。结果碗筷放了一周都长了毛，加上房间里垃圾也没及时清理，房间里弥漫着一股刺鼻的怪味儿。杜航佳出差回来看到这一切，长时间的隐忍终于爆发，她找到陈曦，大声指责她碗筷不刷、垃圾不倒，并且命令陈曦立刻把垃圾倒掉把碗筷刷出来。陈曦虽然认为自己有不对的地方，但她又觉得杜航佳之前挺大度、不计较，这次突然发这么大火，实在有些小题大做、莫名其妙。她压着怒火向杜航佳保证以后都会立即清理碗筷垃圾，但两个月后，陈曦有事一忙又忘记了。这下，杜航佳彻底生气了，觉得陈曦说话不算数、太自私，陈曦则觉得杜航佳小心眼，因此两人在言语中都经常流露出不满和不屑的情绪。终于有一天，两人因一件小事大吵了一架，之后便陷入冷战。

（1）人与人之间之所以会发生矛盾冲突，往往是觉得自己有理，所以吵起架来会“理直气壮”。但是换位思考一下，也许会发现自己并不像自己以为的那样一点儿错没有。

假如你是杜航佳，请你找出自己“有理”的地方和“有错”的地方。

____

____

____

假如你是陈曦，请你找出自己“有理”的地方和“有错”的地方。

____

____

____

（2）杜航佳与陈曦处理矛盾冲突时存在哪些误区？应如何改进为好？

误区一	
改进措施	
误区二	
改进措施	
误区三	
改进措施	

（3）请你和小组伙伴们一起，想象一下杜航佳和陈曦妥善处理冲突的场景并将其拍成视频。

第五课　保护自己和他人

学习目标

1. 了解在人际交往中自我保护和保护他人的几条基本原则。
2. 学会有选择地交往，在人际交往中能够不迷失自我。
3. 能够较好地把握坚持原则与适度妥协的尺度，处理好人际交往关系。
4. 能够圆融地处理矛盾分歧，学会放弃。

翻转课堂

本课导读

保护自己和他人

- 有选择地交往
  - 选择良师益友
  - 交友须谨慎
- 坚持原则与适度妥协
  - 适度妥协是润滑剂
  - 怎样做是坚持原则
- 不迷失自我
  - 注重自我提升
  - 对自己保持清醒的认识
  - 保持相互独立
- 学会放弃

一、思考

1. 你认为在人际交往中保护自我和保护他人有哪些基本原则？

2. 什么是有选择地交往？有人说，有选择地交往，就是只跟那些对自己“有用”的人交往。你觉得这种说法对吗？

3. 有人说，人际交往中只要大家一团和气就好，“坚持原则”就是“死心眼”。你认为是这样的吗？

4. 你怎么看待人际交往中的“学会放弃”原则？

二、简析

1. 林永乐在阿正师傅的团队里一直负责实验资料的记录和整理工作，因而能够接触到很多原始资料。有一天，一位以前一起工作过、好几年没有联系的同事突然打电话约他吃饭。因为当初他们是关系不错的朋友，于是林永乐很高兴地答应了。两人久别重逢，都特别高兴。不过，坐下不久，对方就说明了来意：希望林永乐“分享”一些数据给他，并表示绝不会“亏待”林永乐。林永乐当场拒绝了。

林永乐为什么“当场拒绝”了他的朋友？如果你是林永乐，你会怎么做呢？

2. 了解张磊的人都知道他的一个小秘密：他不吸烟，但兜里常年装着两种烟，一种是几十块钱一盒的名牌烟，另一种是几块钱一盒的普通烟。名牌烟是用来招待大客户的，普通烟是用来招待小客户的。

客户王玉林前两年生意做得大，张磊每次见了他，都是毕恭毕敬地双手敬烟，敬的自然是名牌好烟。最近一段时间，王玉林生意大不如前，连车都抵押出去了，前两天他约张磊见面谈生意，张磊的态度明显变得冷淡，王玉林问："有烟吗？"张磊慢腾腾地从左边兜里掏出一盒普通烟，抽出一支扔给王玉林。王玉林接过烟看了看，点点头说："果然不一样啊。"

张磊认为，与人交往就得因人而异。他的看法与我们说的"有选择地交往"一样吗？

前面几课中我们一起探讨了人际交往中的一些方法技巧，以及应该注意的事项。有的同学以为，为了得到别人的接纳，增进和维护人际关系，可能需要我们做出很多牺牲甚至放弃自己做人的原则。其实这种想法是不妥当的。

在这一课里，我们要一起深入了解一下，在人际交往中，如何做到自我保护，同时保护他人，如何处理坚持原则与适度妥协的关系，以及当一段关系不能带来正面积极作用时，如何做到果断放弃。

一、有选择地交往

说到人际交往，很多人都认为朋友越多越好。有人说，多一个朋友就多一条路，所以，交友要多多益善。

但是，朋友越多、交际的范围越广，用来增进和维护关系所花费的时间和精力必然也越多。而人的精力是有限的，如果不加选择地广泛交际，就可能深陷其中，把时间和精力都放在这上面，耽误了自己该做的事。

因此，如果一味追求交往的“数量”，并不能让我们拥有有效的人际关系。我们应根据实际情况对自己的人际交往对象有所选择。

（一）选择良师益友

从小到大，我们经常听到“良师益友”这个词。什么是良师益友呢？词典上的解释是“使人得到教益和帮助的好老师和好朋友”。良师益友应该是我们人际交往中的首选目标。

为什么良师益友是首选的交往对象呢?

这是因为人很容易受到周边环境的影响。有人说，离我们最近的3个人，可能会影响我们一生的走向。

古人说，近朱者赤，近墨者黑。如果我们的室友都在忙着准备技能大赛或各类考试，可能我们也会拿起书本，走向实训车间或教室，默默用功。如果室友天天忙着“打怪升级”，可能我们也会沉迷游戏。

可见，结交什么样的朋友对我们很重要。遇到一个良师益友，会受益终身。

什么样的人能称为良师益友呢？我们一起来看看下面这两个小案例吧。

肖东在阿正师傅的工作室，认识了比自己早一年到厂里工作的林永乐。林永乐待人热情，乐于助人，对待肖东处处都像老大哥一样。肖东有什么不懂的问题，怕挨训不敢去问阿正师傅，怕被笑话也不敢去问别的师兄弟，但乐于向林永乐请教。无论什么样的问题，林永乐都会给出很有启发性的回答。有次他俩同台竞技，肖东获胜了，林永乐第一个走过来向他表示祝贺。

有一次，王佳怡做报表弄错了一个数字，被宋婷婷发现了。这是一个小数据，对整个报表影响不大，王佳怡一开始觉得，一个微不足道的小数据，领导可能根本看不到它，有什么要紧。

宋婷婷是王佳怡的学姐，也是领她入门的老师，平常待她很好，很关心她。对于王佳怡的失误，宋婷婷不但让她把所有数据都重新核对了一遍，而且非常严肃地批评了她：一个财务人员要有本能的“怀疑精神”，无论是对自我加工的数据还是外来的数据都要进行复核，发现异常不可不问不管。因为数据的准确性会直接影响判断的正确与否。一个财务人员，必须养成对数字的高度敏感，对待每一个数据都不能马虎。

从那以后，王佳怡工作时再也不敢掉以轻心了。

林永乐这样的人，不自私、待人热情、乐于助人，像一个小太阳一样散发温暖和光明，带给人满满的正能量，堪称良师益友。

如果你遇上宋婷婷这样的人，会不会觉得这个人吹毛求疵、不留情面甚至觉得她很讨厌呢？

其实，宋婷婷也称得上是一位良师益友。毕竟，肯指点我们的人，除了父母以及老师不是很多。如果能遇到像宋婷婷这样直言不讳地指出我们毛病和问题的人，一定要倍加珍惜。

有人说，上学时遇到好老师，工作后遇到好师傅、好同事，是人生难得的幸运。肖东和王佳怡都是幸运儿。

肖东跟王有豪合租一套小公寓。王有豪平时很少打扫房间，还把自己的东西扔得到处都是，肖东对此意见很大。不过，有一次肖东半夜发烧，王有豪把他送到了医院，还去跟曹阿姨学着熬了米粥给他喝。要知道，这可是王有豪第一次做饭啊！

除了林永乐、宋婷婷那样的良师益友，我们生活中还会遇到很多像王有豪那样的人。这些人虽然有这样或那样的一些小毛病，但是本质不坏，关键时刻也能出手相助。他们虽算不上良师益友，却也是我们不可或缺的朋友。

小贴士

什么样的人能称得上“良师益友”？

1. 循循善诱，谆谆教导，不吝惜自己的时间和精力。

2. 有经验，有学识。熟悉所在领域的组织理念、行业结构、行为规范等，能提供丰富的经验指导。

3. 为人开明，愿意分享。

4. 自信，有胸襟，不怕被别人超越。

5. 不自私。真心为我们取得的进步和成绩高兴。

6. 关心人。当我们遇到困难时，能及时给予支持、帮助或指点迷津。

（二）交友须谨慎

虽然我们都知道要“交友以德”，但还是有很多人，在人际交往时会首先考虑“利”。有的人甚至因为贪图一时的利益而落入陷阱，付出惨重代价。

景田工作后，业余时间想干兼职赚点儿外快。一次偶然的机会他认识了杨军。杨军自称是一个网站的编辑，听说景田爱好摄影，当即邀请景田做他们的兼职摄影师，并许诺一旦作品得到选用，一定给予优厚的报酬。

景田遵照杨军的要求拍摄了很多作品，杨军每次都按最高标准付报酬。景田觉得自己真幸运，能结识杨军这样出手大方、为人“仗义”的朋友，让自己轻松赚到外快，因此他对杨军充满感激，对杨军提出的要求也无不努力达到。

一段时间之后，杨军要求的拍摄主题从风景转到舰船，乃至军舰、军港，报酬也越来越高。景田感觉不太对，心里有些害怕，但又贪图杨军给的丰厚报酬，想等到挣够 10 万元再洗手不干。但没等达成“目标”，他就被捕了。法院因其非法为境外组织提供国家秘密，判处景田有期徒刑 6 年。

案例中，景田想做兼职赚外快，杨军恰好给予他这个机会，让他轻松实现愿望。从这个角度看，杨军是景田的“朋友”。但是景田与杨军只是偶然相识，就能得到这样的好处，凭什么呢？遇到这种情况，我们一定要多问几个“为什么”。景田全无戒心，贪图小恩小惠，在错误的路上越走越远，最终走上犯罪道路，这个教训可谓惨痛。

由此可见，并不是所有的出手相助都是“及时雨”，这世上从来就没有什么免费的午餐。在人际交往中，一定要谨慎，在利益面前要始终保持一份清醒。

小贴士

孔子论“益友”

益者三友，损者三友。友直，友谅，友多闻，益矣。友便辟，友善柔，友便佞，损矣。

译文：

有益的朋友有三种，有害的朋友也有三种。正直、守信、见多识广的朋友，是益友；谄媚、阴诈、花言巧语的朋友，是损友。

曾国藩的“八交”“九不交”

“八交”：胜己者、盛德者、趣味者、肯亏者、直言者、志趣广者、惠在当厄者、体人者。

“九不交”：志不同者、谀人者、恩怨颠倒者、全无性情者、不孝不悌者、愚人、落井下石者、德薄者、好便宜者。

译文：

“八交”：比自己优秀的人、德行好的人、有志趣的人、肯吃亏的人、说话直率的人、兴趣广泛的人、在别人有难时能出手相助的人、体谅别人的人。

“九不交”：志趣不同的人、阿谀奉承谄媚的人、恩将仇报的人、没有兴趣爱好的人、不孝顺父母不友爱兄弟的人、愚蠢不可理喻的人、在别人有难时加害别人的人、德行差的人、好占小便宜的人。

二、坚持原则与适度妥协

有人认为，坚持原则就是铁面无私、不可通融，妥协就是毫无原则、一味退让。的确，原则问题不能让步，但是并非所有问题都不可调和。

（一）适度妥协是润滑剂

大多数情况下，日常人际关系中没有什么非此即彼的原则问题。要建立良好的人际关系，彼此适应、相互谦让、适度妥协，是非常必要的。

中国人讲究为人处世要外圆内方。所谓的外圆内方，就是对外交往谦和圆融，而内心有自己的一定之规，即做人、做事的立场和原则。

请阅读下面案例，看看李佳梦是如何妥当处理坚持原则与适度妥协的关系的。

李佳梦是一个独立性很强的女孩。虽然家庭经济条件很好，但她认为工作以后就不能向家里要钱，要自己开创美好生活。因为参加全省技能大赛成绩出色，她被多家知名大企业看好，如愿找到了适合自己的工作。李佳梦工作后，全家人都很高兴，伯父给她一个大红包表示嘉奖。

按照李佳梦给自己立的规矩，应该坚决不收伯父的钱。但她也知道，伯父真心为她高兴，红包寄托着浓浓的情意和深深的祝福，如果只考虑坚持自己的规矩，断然拒绝伯父，可能会伤了他的心。怎么办呢?

李佳梦的处理办法是，选择适度妥协。她从红包中抽出一张大钞，珍惜地夹进影集里，很诚恳地对伯父说："伯父，您的心意我领了，这张大钞过两天我去塑封起来，留作纪念。我一定不辜负伯父的期望，好好工作，做对社会有用的人。"

案例中的李佳梦，自立自强，善解人意。伯父满含祝福的红包让她陷入两难境地：满足伯父的心意，就要违背自己给自己立的规矩；要坚持自己的规矩，则可能辜负了伯父的好意，伤了伯父的心。

她的处理方式，既没有违背自己的规矩，也照顾到伯父的感受，可以说是非常得体，也让人耳目一新。

适度妥协的关键是要"适度"。

大到国家，中到企业，小到人际交往，只有在坚持原则和适度妥协中求得平衡，才能最大限度地避免矛盾和冲突，达成共识。

但是，也不能因为要避免争执或冲突就一味退让，以至于丧失原则和理性。适度妥协是为了达到更好的效果，其本身是一种积极的、以退为进的策略，是人际交往中的润滑剂，是另一种坚持。有时候，妥协本就是解决问题的一部分。

（二）怎样做是坚持原则

在人际交往中要做到坚持原则与适度妥协相结合，先要学会分辨哪些是不容触犯、必须坚持的原则。

国家利益是红线，不能逾越；

党纪国法是高压线，不可触碰；

做人、做事遵循的道德规范是底线，不容挑战。

前面我们看过景田的案例。景田在与他人交往中，为了一己私利，置国家利益于不顾，最终受到法律制裁。他丧失了原则，在给国家和人民带来损失的同时，也饮下了自酿的苦酒。

看看下面这个案例中的快递小哥李志勇是怎么坚持原则的吧。

李志勇是一名快递员，负责 3 个街区的快递投递工作，手上积累了上千名客户的信息。他的邻居老万找过他好几次，说要用大价钱买他手里的客户信息。李志勇每次都很坚决地拒绝了。最后这次，他很生气地说："你觉得我像是一个为了钱就会出卖客户信息的人吗？"

李志勇在金钱诱惑面前，不为所动，敢于拒绝他人触犯法律的要求，就是坚持原则。

在北京打工的石芳丽骑电动车下班，经过一个路口时，不小心将一位 70 多岁的老人撞倒。石芳丽立即把老人送到医院，并花大量时间陪护老人。

在人际交往中，像石芳丽这样对自己的行为负责，敢于承担责任，也是坚持原则。

这样的人必定能赢得人们的尊重。

事实上，李志勇因为工作兢兢业业，受到客户的一致好评，连续3年零差评，工资收入也大幅提高；石芳丽精心照顾老人，让老人很受感动。老人痊愈出院后，让子女专门到石芳丽的单位送了锦旗，单位同事对石芳丽赞不绝口，都愿意和她来往。

上述两个案例告诉我们，坚持原则才是对自己和他人的最大保护。失去原则，突破底线，那样终将害人害己。

做人的道德底线中，有一条是不去试探和挑战别人的底线。别人不会把自己的底线总挂在嘴边，我们怎么能知道对方的底线呢？一个最好的办法，就是尊重。尊重别人，不随便说话，就不容易出错。

范迁迁是一个胖胖的女孩儿，她经常拿自己的体型开玩笑，但是你如果以为可以随便开她的玩笑，那就错了。有一次，王有豪在炒粉店看到她和几个小姐妹在吃炒粉，炒粉店的门比较窄，平常无法两个人同时进出，王有豪就开玩笑说："少吃点儿，小心待会儿出不去！"范迁迁的脸立刻就变了色，虽然没有当场发作，但她一脸寒霜的样子，吓了王有豪一跳，以后再也不敢乱开她的玩笑了。

假如王有豪始终坚守尊重原则，就不会出现这种因乱开玩笑而惹恼对方的尴尬情景了。这也说明，每个人心中都有自己的底线，不论关系多好的人，都不能随便触碰。

有一位企业家，与人交往时往往会把这两句话放在前头讲。第一句是："我这个人头脑简单，太绕弯子的话听不懂，有啥事儿你就直说。"第二句是："我这个人胆子小，犯法的事儿我不敢干。如果是这样的事儿你就别说。"有这两句话垫底，他和所有人的关系往往能正常发展。

这其实是种很高明的方法。我们和陌生人交往，一般都是先建立联系，再试探对方的底线，实在合不来再分开。他却反其道而行之，先亮出底线再建立交情。一方面，双方的关系可以在一条有约束的航道上前进；另一方面，这样做也省得大家绕来绕去兜圈子，合则继续往下谈，不合则不必费心思找借口退出，节省了人际交往的时间成本。

小贴士

人际交往中不可触碰的底线

1. 不要问人隐私。想要搞好人际关系，就不要去问别人的隐私。女士的年龄和情感状态、男士的收入之类的问题，都不是随便可以拿来谈论的。谈论这些很容易让对方尴尬。

2. 不要揭人短处、碰人伤疤。不少人的内心可能藏着一段不愿为人知的伤心事，如果我们碰巧知道，不要到处宣扬，更不要经常提起。最好是把它忘掉，就像我们从来都不曾知道一样。

3. 不要伤人自尊。尊重是相互的，想要获得别人的尊重，首先要懂得尊重别人。即使是向对方表达关心，也不能以此为由伤害对方的自尊。

三、不迷失自我

在现实生活中，我们要跟各种各样的人打交道。我们既要融入群体中去，又要保持自己的独立性，不在人群中迷失自我。

当我们处于积极的环境中时，我们要尽快融入其中，这时周围人的行为会影响到我们，看到周围的人都在努力，我们自己也不甘落下；当我们生活在消极的环境中时，我们要坚持自身的独立性，不要一味迁就所谓的主流思想。

在人际交往中，有的人能保持外圆内方，既有自己的处事原则，又能圆融做人，人际关系处理得非常好。但也有人会为了赢得别人的认可或达成自己的某些目的，违心做一些事情。这样做，虽然可能会获得一个好人缘或达到某些目的，却也容易在各种人情世故中迷失自我。

（一）注重自我提升

张昊一直认为，如果能认识一些业内著名的大老板，他也就随之身价翻番，与众不同了。

为了拓宽人脉，他一直热衷于跑各种圈子，泡各种饭局，见人就发名片。一段时间后，他的手机通讯录里很快就存了上千个电话号码。他最津津乐道的就是跟别人说自己又认识了哪位大老板，那些响当当的名字，仿佛都成为他金光闪闪的人脉资源。

为了能讨那些大老板的欢心，他学会了喝酒、拿自己开涮。他发现，尽管自己能在酒桌上让大家笑得前仰后合，但换个场合，那些大老板却似乎都记不起他是谁。看着老远就弯下腰伸出手的他，有的大老板甚至一脸疑惑："你是谁啊？"这时的张昊总是满脸堆笑，腰也弯得更低了："您好，× 总！我是小张，张昊啊！您忘了咱们上次在 ×××× 见过的！"

那个 × 总，往往只是客气而冷淡地点点头，并没有表现出张昊期望的热情回应。而当张昊想进一步谈点儿什么时，他们则毫不掩饰地表示自己很忙没时间听。

张昊的手机通讯录里虽然有那么多大老板的号码，但他好像并没有因此而被别人格外重视，反而由于成天忙于各种应酬，荒疏了业务，工作业绩垫底。

张昊天天陪客户喝酒，见人就发名片，却没有几个人认真理会他。那些大老板为什么不把他当朋友呢？

张昊以为认识几个业内有威望的人，就能让自己与众不同。这个想法导致他在与地位、影响都高于自己的大老板交往、相处时，把自己定位成一个“乞讨者”，像小丑、弄臣一样，卑躬屈膝、曲意奉承，以此取悦别人。一个人格上低人一头的人，怎么可能赢得别人的尊重？又怎么可能得到他想要的成功呢？

与人交往，既要看我们自己的实力——我们自己不厉害，认识再厉害的人也没有用，也要看我们对自己的定位——我们自信、自尊，别人就不敢轻视我们。像张昊那样，为了拓展所谓的人脉关系，一味地讨好别人，这样做，并不会赢得别人的尊重，反而让别人瞧不起。所以，不如脚踏实地，切实提高自己的业务能力，让自己变成内行。同时，待人不卑不亢、真诚有礼，这样，无论是对自己还是对他人都是最好的。

（二）对自己保持清醒的认识

有的人对自己的能力、品质、处境缺乏正确的认识，完全受外界影响。别人出于客气说自己好，就以为自己真有那么好，自大傲慢起来；别人批评自己，又马上满心沮丧，觉得自己一无是处，自卑起来。

肖东在单位技能大赛中力克群雄，取得了总分第一名的好成绩，一时间好评如潮。大家都夸他像他师傅阿正当年一样聪明能干，说他未来一定比阿正师傅还要厉害，不但能成为省级金牌技师，还会成为“大国工匠”。听到别人这样夸自己，肖东虽然嘴上谦虚着，但心里还是美滋滋的，觉得那些说他好的人全是好人。

不料，在全市技工大赛上，肖东因发挥失常而与冠军无缘。这时候他听到的则是一片讥讽之声，那些以前夸赞他的人，都换了一副口气。有人说，全市技工大赛冠军，以前不是阿正师傅，就是阿正师傅的徒弟，这回出新鲜事了，冠军让给别人了。还有人说，阿正师傅一向选徒严格，这回怎么看走眼了？甚至有人直接跟肖东说：你怎么配做阿正师傅的徒弟！听到这些风言风语，肖东非常难过，他既恨自己不争气，没有为公司争得荣誉，给阿正师傅丢了脸，又觉得单位到处都是居心叵测的人。他感到压抑憋闷，甚至对自己的能力产生了怀疑。

看到肖东一蹶不振的样子，阿正师傅语重心长地告诉他："和人打交道时，听到些顺耳、逆耳的话，都是很正常的。听到顺耳的话，不可骄傲自满，觉得自己就如他人所说的那样；同样，听到逆耳的话，也不必妄自菲薄，自我否定。"阿正师傅看了一眼耷拉着脑袋的肖东，接着说："关键是要对自己的能力、品质、处境有正确的认识。失利虽然不好，但也不是什么坏事，至少给我们提了个醒，傲慢之心不可有，心沉不下去，做什么事儿都不会成。"

肖东看着阿正师傅，说："师傅，您不知道，那些人说话太难听了，我再也不要跟他们打交道了！"

阿正师傅笑了："别人说我们好，不等于他就值得交往，要看他为什么夸我们，是不是我们真的值得夸；说我们不好，也不见得不值得交往，要琢磨人家为什么说我们不好。如果我们自己真的存在人家说的那些问题，就要把人家的批评当作动力，抓紧改正；如果我们没有那些问题，就不必挂怀，一笑置之。还有啊，在和人交往中，没有那么多非此即彼、非黑即白的事，凡事都不要绝对化。总之，要正确对待各种不同的声音，保持平常心，不骄不馁，从容淡定。"

小贴士

人际交往中，如何对待褒贬毁誉？

1. 实在想不通的时候，要请教像阿正师傅那样有见地、能真心帮忙的人。

2. 对自己要有正确的认识，无论顺境逆境，都要做到既不妄自尊大，也不妄自菲薄。

3. 对别人的评价要有清醒的认识，不让别人的褒贬毁誉过度影响自己的交往态度。

（三）保持相互独立

人际交往中太爱替别人拿主意固然不对，但过分依赖他人，完全没有自己的主见，失去独立性也是不可取的。首先，每个人都是独立的。成年以前，父母对我们负责；成年以后，没有人有义务对我们负责，我们必须对自己负责。能对自己负责，为自己做主，是一个人真正成熟的表现。其次，友谊是建立在独立个体间相互交流、相互帮助基础上的，如果一方对另一方过于依赖，只会给被依赖的人造成很大压力，不但换不来更加和谐亲密的友谊，还可能使双方的距离越拉越远。实际上，在人际交往中展现自己独特的能力和价值，才是维持和加深友谊的良方。

在别人眼里，刘菲性格乖巧温顺，一般情况下，她总是安静地听别人说话，不跟人发生争执，也从不过度表现自己。她还有一个特点，就是比较喜欢依赖别人。无论遇到什么事情，如果不找人帮着出个主意、谈个看法，她一个人是无法定夺的。用她自己的话说，平常走路，如果旁边没个人，都感觉自己好像不会走了。所以她在家的时候凡事问父母，上学的时候又特别依赖好朋友，好朋友就是她的“主心骨”。因为怕被拒绝，所以她也从不会拒绝别人。如果与朋友间发生一点小矛盾，她一定是最先认错并主动讲和的那个。

大家刚开始跟刘菲相处会觉得比较轻松，但相处一段时间后就会感觉比较累。没有主见、过度依赖他人的刘菲，会让她依赖的人喘不过气来；不敢拒绝别人的刘菲，也容易让自己独自承受难以承受的压力，从而变得焦虑。这对交往双方都是不利的。

在人际交往中，能够独立思考、独立判断，保持独立人格，有自己的主见和做事方式，是基本的需要。保持独立，不是一意孤行，而是能够和别人交换意见，吸收合理的成分；不是自我封闭，而是能够在合群和坚持自我中找到一种平衡，该合群的时候选择合群，该坚持自我时坚持自我。

我们越有自己合理的主见，行为就越稳定，表现也越得体，也就越能获得别人肯定的评价。在平时的待人接物中，我们把自己的处事原则和态度明白地表现出来，大家慢慢就会知道我们是怎样一个人。这样，大家就不会勉强我们做我们不愿做的事，而我们也不会因经常需要拒绝别人的要求而影响彼此间的关系了。

在保持自己独立的同时，也要注意把握情感投入，给别人独立的空间。记住，别人不是我们的附属品。

人际交往中，拥有边界感是很重要的。缺乏边界感的人，往往表现为强烈的控制欲，喜欢强求别人按他（她）的意志行事。

吴帅达工作了，有了自己的女朋友王欣。王欣对吴帅达的关心无微不至：袜子穿白色还是灰色，王欣要替他选择；吴帅达在职读学位选什么专业，王欣要先认真研读所有的材料后，圈出宜选名单，再让吴帅达从中选出自己要上的。上班期间，如果吴帅达没有在 1 分钟内回复王欣微信或接她的电话，一定要给出一个妥当的理由，还要附上证据，否则王欣晚上一定要他当面说清楚。两人周末如果不能在一起，王欣要求吴帅达每隔 1 小时就要报备一次自己的行踪。喜欢自由自在的吴帅达一不同意报备，王欣眼中就泪光闪闪。慢慢地，吴帅达有点儿想躲着王欣了。

如果你是吴帅达，你喜欢王欣这种无微不至的关爱吗?

在和吴帅达的相处中，王欣这种没有分寸感的关爱就像绳索一样，牢牢缠绕，令人窒息。王欣的这种行为就是缺乏边界感。

每个人都有自己的生活空间，有边界是接纳别人以自己的方式生活，不事事评判，不过多干预，非原则问题不总是批评指责。好友间的忠告体现在关键问题上，过多的忠告其实是对对方的束缚。

当我们想要关心别人而别人不接受时，就要反思和觉察一下，在我们的关心里是否有评判、控制等成分。或许在我们看来“我是为你好”，但对方感到的却是被否定或控制。

在人际关系中，亲密感很重要，边界感同等重要。所谓边界感，就是保持相互独立。拥有边界感，守住自己的底线和原则，也尊重对方的底线和原则，只有这样，才能拥有舒适的人际关系。

人际关系中的“距离”

人与人之间的距离可以分为公共距离、社交距离、个人距离、亲密距离4种。公共距离最远，一般在3米以外；社交距离为1米～3米；个人距离为0.5米～1米；亲密距离是最近的距离，一般为0.15米～0.5米。

熟人和朋友之间的距离，通常是个人距离。这是伸手可以握手，但又不至于触碰到对方身体的距离。

四、学会放弃

人际交往中，如果遇到无法沟通、难以相处的人，也要学会放弃。并不是每个人都适合深入交往。若对方没有深入交往的意愿，或志不同道不合，则不要过度强求。

俞芳和赵光以前在学校时是同班同学，毕业后兜兜转转，竟然又到了同一家单位工作，因此见面时特别高兴。

两人说了好多往日的人和事。说得正高兴时，赵光突然问道：“你跟李静还有联系吗？我们俩因为有件事儿在微信聊过一阵儿，还说起过你呢。”

俞芳有些意外：“我们毕业后一次也没联系过。她说我什么啊？”

赵光似乎迟疑了一下：“也没什么。嗯，还是跟你说了吧。李静说，当初在学校时感觉你身上有股优越感，让人感到压抑。”

俞芳特别无奈地说：“优越感？李静从哪儿来的这种印象呢？”

俞芳心情有些不快了。赵光说：“她可能就那么一说。你别放心上。”

可是怎么可能不放心上呢？俞芳的好心情已经被破坏了。

不知怎么，赵光总是热衷于给俞芳爆料这类负面消息：今天谁说俞芳显摆了，明天谁又说俞芳张狂了，再不就是他们部门的谁说话讨厌，谁喜欢给领导打小报告……俞芳发现每次聊完这些话题，自己的心情都特别不好，而且整个人也变得多疑易怒。

有一次，当赵光又说起这类事情的时候，俞芳就跟赵光说：“咱们换个其他话题吧。”赵光不高兴了：“我是觉得咱们俩关系好，才跟你说这些，不爱听拉倒！”

为此两人还争辩过几次，但两人发现不说这个，也没别的可说，也就渐渐地疏远了起来。

俞芳几次约赵光吃饭，试图修复两人关系，赵光都冷冷地拒绝了，甚至还跟别人说俞芳这个人看起来好像不错，其实不值得交往之类的话。

俞芳很难过，经过慎重考虑，她放弃了和赵光修复关系的努力。后来两人先后离开公司，也就不再联系了。

案例中的赵光总是在传递负面信息，俞芳和她相处时，获得的不是愉悦和振奋，而是多疑和易怒。当一段关系不能带来积极效果或者交往双方的基本观念出现较大的分歧，而且这种状况难以改变，那么就可以考虑放弃继续深入交往。

每个人都会有缺点，都曾犯过错误，自身习惯和对事物的认识也不可能让所有人满意。因此，一般不要因苛求他人而放弃交往。但是，如果我们发现交往的对方一直在蓄意损害他人、集体甚至是国家的利益，我们就要当机立断，做出放弃的决定。在放弃交往的过程中，首先要保证自身不受到伤害。可以向师长求助，必要时要及时向有关部门求助，也可以适当延长放弃交往的过程，以免激怒对方。

放弃并不意味着失败。虽然一段关系的结束难免令人产生挫败感，但从另一个角度看，与其争吵不休，彼此生厌、仇恨，还不如及时放弃。对一段不适合的关系说“不”，可以看作是一种理性的及时止损和最好的自我保护。

在交往过程中，对于那些真心把我们当朋友的人，要好好珍惜；对那些实际没把我们当真正朋友的人，也不必耿耿于怀，更不必浪费时间和精力去讨好对方。人生有限，要做有意义的事。

课后练习

1. 总结一下，本课介绍了几条有助于“保护自己和他人”的基本原则？与小组的伙伴们一起把要点概括出来，做成思维导图吧。

2. 分析案例，回答下列问题。

赵姐约王佳怡下班后一起去看电影。王佳怡告诉她，自己正在赶一个统计报表，科长催着要，估计得加班，可能没法去看电影了。

赵姐不高兴地说：“工作上的事儿，明天再做呗。”她看王佳怡似乎要反对，更不高兴了：“就那么一个小报表，随便做一下就得了，这么认真值得吗？”

王佳怡觉得赵姐说得不对——小报表也是报表啊！婷婷姐说过，每一个数据都不能掉以轻心，这是一个财务人员的基本素养。工作的事一丝一毫都马虎不得。

她刚要开口反驳，赵姐似乎知道她要说什么，不容分说就把她要说的话抢着说了，还要再加上几句揶揄或嘲弄：“哎呀，你看你，哪像个‘95后’啊，你简直是个‘老阿姨’嘛。”

这也是王佳怡不愿意跟她一起去看电影的另一个原因——赵姐喜欢笑话和贬损她，挑剔她的着装打扮，学她说话时不自觉带出的方言词汇，这些都让她觉得很不开心。

赵姐还有一个特点也是王佳怡不能接受的：传小道消息。你永远不知道她从哪儿听来那么多小道消息，说起来就眉飞色舞，而王佳怡不喜欢议论这类话题。

（1）你认为王佳怡和赵姐之间存在哪些分歧？

人物	对待工作的态度	对待彼此的态度	对待小道消息
王佳怡			
赵姐			

（2）如果你是王佳怡，请你学着运用“坚持原则与适度妥协”的方法来处理与赵姐的关系。

（3）当听到有人在讽刺挖苦自己时，你觉得王佳怡该怎样回答对方、保护自己？

（4）你认为王佳怡和赵姐之间的关系还能继续保持下去吗？请运用本课所学的有关方法进行分析。

单元拓展练习

重点回顾

1. 通过得体着装、得体妆饰、有效交谈、握手礼仪，表现出对人发自内心的尊敬，构建和谐美好的人际关系。

2. 在人际交往中，要注重自我介绍、请托、拒绝、致谢、致歉等基本礼仪，这样才能进行有效的交谈。

3. 首因效应在人际交往中非常重要，因此要给他人留下良好的第一印象。

4. 通过加强自我修养、找准角色定位、展现得体举止、主动问好、记住名字、积极倾听、朋友互助打破社交圈壁垒等方式可以敲开人际关系的大门。

5. 要增进和维护人际关系，关键在自己。人与人之间真诚相待，互惠互利，是非常美好的。

6. 与人交往时，应当诚实守信，说话要注意分寸，做事要有始有终，做到言行一致。

7. 尊重他人，就要善于发现并真诚地赞美他人的优点，接纳他人不同的思维方式与习惯，在意他人的感受。

8. 适度原谅，换位思考，控制情绪，保持宽容，可以减少人际关系冲突。

9. 明确沟通的目标，营造安全的交流氛围，把控好沟通的过程，最终达成共同协议，这样就能实现高效沟通，有效化解人际关系冲突。

10. 在人际交往中，保护自己和他人的方法包括：有选择地进行交往，坚持原则，适度妥协，保持自我，学会适时放弃。

11. 在原则问题上要保持头脑清醒，坚守自己的原则，清楚认识到人际关系中存在不可触碰的底线。

12. 要学会独立自主，重视自我提升，结交良师益友，在人际交往中不断成长。

学习完本单元，我能够掌握并运用的知识（将上面的编号填在横线上）：______________________________

____

我体会最深的地方：______________________________

____

我最需要提升的地方：______________________________

____

我学我测

请完成以下测试题。其中，选择题为多选题。

1. 道歉时，（　　）。

A. 尽可能多解释　　B. 承认错误而非解释

C. 用语简洁、直接　　D. 最好面对面

2. 自我介绍时，应（　　）。

A. 抓住时机，注意仪态　　B. 不分场合，上来就说

C. 讲究方式，遵守次序　　D. 抢先抓早，千篇一律

3. 第一次交往时我们给对方留下的印象，会在对方的头脑中占据__________地位，这种现象在心理学上称为__________。

4. 怎样记住别人的名字？（　　）。

A. 交流中多提及对方的姓名和职务

B. 及时补充、完善通讯录

C. 多问、多了解他人信息

D. 利用团建机会留心记忆

5. 言行负责的人在和他人相处时，（　　）。

A. 重约守时　　B. 做事认真，及时反馈

C. 不夸夸其谈　　D. 轻易许诺

6. 属于在人际交往中尊重他人的表现的是（　　）。

A. 浮夸的赞美 B. 只索取不付出

C. 在意他人感受和利益 D. 接纳与自己不同的人

7. 提高情绪控制能力的方法是（ ）。

A. 换位思考，将心比心 B. 从自己身上找问题

C. 换个环境，冲淡情绪 D. 要发火前深呼吸

8. 在人际交往中，我们与人发生冲突后，在沟通中应（ ）。

A. 注意挖掘情绪背后的需求

B. 肆意发泄情绪，不断指责对方

C. 注意共建需求

D. 不停地抱怨，持续表达不满

9. 什么样的人才能称得上良师益友？（ ）。

A. 性格开朗，愿意分享 B. 关心人，不冷漠

C. 有经验，有学识 D. 自私虚伪，小肚鸡肠

10. 在人际交往中，不可触碰的底线是（ ）。

A. 不停询问他人隐私 B. 揭人短处，碰人伤疤

C. 适度表达关心 D. 贬低他人，伤人自尊

我知我行

1. 各组围绕“求职与面试”这一主题，创作并表演一个情景剧。剧本内容尽量涵盖以下几个关键场景：自我介绍、请托、拒绝、致谢、致歉、握手。每个情景剧的表演时间应控制在 3 分钟以内，确保剧情紧凑且信息表达完整。此外，每位同学至少需要扮演一个角色，以便充分参与到表演当中。

2. 假设自己即将工作，运用敲开人际关系大门的方法，就入职第一天如何给同事和领导留下好印象写一份预案。

3. 各组围绕以下六个主题制作纸签：诚实守信、说话有分寸、夸赞他人、在意他人感受、帮助他人、互送礼物。各组同学轮流抽签，每位抽到签的同学需根据签上所示的话题，分享相关经历。

4. 一位顾客向酒店经理投诉，说他点的某道菜迟迟未上。经核

查，经理发现是服务员漏记了该顾客的订单，而该顾客此时即将用完餐。现在，请各小组组长组织本组成员分别扮演经理和顾客的角色，按照高效沟通的步骤，完成后续的对话。同时，专门安排组员将整个沟通过程详细记录下来。角色扮演完成后，各小组组长组织本组成员复盘亮点和不足。

5. 请回顾自己与朋友之间的相处过程，思考是否做到了平等相待，写下你发现的任何不平等或不对等的方面。接着，根据你和你朋友的表现，总结出你与朋友交往时应遵循的基本原则。

第二单元

实现高效合作

团队成员之间通过高效的合作，可以相互取长补短，克服个人能力的不足；可以提高学习、生活和工作的效率，使目标更容易实现；可以产生思想上的碰撞，迸发出智慧的火花；还可以交流感情，收获友谊。我们应该如何与团队成员高效合作呢？

有时，为了完成某项重要或紧急任务，还需要临时组建自己的小团队，我们又该如何组建和管理小团队呢？在团队中，由于每个成员的性格、利益需求、认知等方面的差异，冲突在所难免，我们应该如何处理好这些冲突呢？

带着这几个问题，我们一起开始本单元的学习。

第一课　了解团队合作

学习目标

1. 了解什么是团队合作，能够体会到团队合作的重要性，在日常工作、学习、生活中逐步培养团队合作意识。

2. 了解团队合作的基础，明白具有清晰可行的团队目标、能够实现共赢，以及团队成员之间相互信任，是一个团队能够高效、长久合作的必要前提。

翻转课堂

本课导读

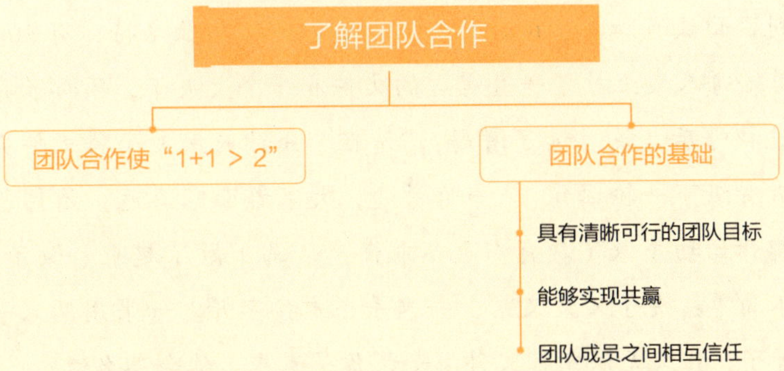

了解团队合作

- 团队合作使“1+1 > 2”
- 团队合作的基础
  - 具有清晰可行的团队目标
  - 能够实现共赢
  - 团队成员之间相互信任

一、思考

1. 团队合作可以把事情做得更好，在你身边有这样的事例吗？或者你听说过这方面的事例吗？请列举一二。

2. 你经历过或见过的团队合作中，最成功的是哪一次？最失败的又是哪一次？成功或失败的原因是什么？从中总结一下团队合作要想长久、高效，应该具备哪些基本条件，跟同学们分享一下吧。

3. 在日常生活和工作中，你更倾向于自己解决问题还是与同学、朋友一起解决？你觉得自己具备较强的团队合作意识吗？

二、简析

1. 肖东毕业前夕，报名参加东岳公司的技师招聘。发出求职信不久，他就接到了面试通知。面试由公司人力资源部隋部长主持，有 50 人参加。工作人员给每人桌上放了一叠厚厚的文件和一个大夹子，隋部长亲切地跟大家打过招呼后，就宣读了考题：“请在 5 分钟内用夹子将文件夹好，最先完成者晋级下一轮面试。”一听考题，大家都面露喜色，隋部长话音刚落，就都开始动手做了。肖东也不敢懈怠，马上做了起来。做了才发现，事情并不简单：夹子又大又紧，一只手根本按不开。如果用两只手，夹子虽然按开了，但又无法拿住文件。如果你是肖东，你会怎么做？

2. 东岳公司招聘技师，肖东等6名应聘者入围最后一轮面试。他们面临最后一道考题：吃饭。6名应聘者一共领到15元，被要求只许用这15元来确保每个人在餐厅都能吃上饭。6名应聘者去餐厅询问，最便宜的米饭、面条也要3元一份，很明显他们无法用这15元解决6个人的午餐。有人提出把钱平分各吃各的，不足的部分自己补齐。肖东觉得不妥，跟大家商量："既然规定让大家一起吃，而且只能用这15元，咱们就不能作弊。咱们是不是应该换个思路，找别的解决方法？"大家商量后决定找餐厅经理争取打折。餐厅经理听后笑着说："我们餐厅最近刚好有个活动，5人以上用餐，可以免费加送一份。"肖东他们吃到了午餐，也顺利通过了最后一关的测试。这件事给你怎样的启示？

3. 科长让王佳怡在3小时内完成一组数据的统计。这组数据不仅量大、要得急，还非常重要，不能出一点儿错。第一次独立完成这样重大的任务，王佳怡感觉压力很大。但她想：刚来科室，一定要好好表现。可是，半个小时后，王佳怡发现自己很难完成这项任务，但她怕科长说她不努力，还是坚持自己一个人加快速度抓紧干。3个小时过去了，王佳怡勉强完成了数据统计，但科长看过她的统计结果后，告诉她数据出错了。王佳怡结结巴巴地说："可是科长，我……真的尽力了。"科长看着她，意味深长地说："不，还有许多'力'你没有用上啊！"科长说的"还有许多'力'"是什么意思？如果你是王佳怡，你会怎样做？

一、团队合作使“1+1>2”

西班牙人哈姆威擅长制作家乡风味薄饼，移民到美国后，他一直想把这种薄饼推荐给美国人，但效果好像不太理想。

1904 年，世界博览会在美国举行。哈姆威也像许多手艺人一样，把自己的薄饼摊搬到了会展地。

博览会上人山人海，但人们对哈姆威的薄饼并不感兴趣，他的摊位前非常冷清。失落的哈姆威发现，旁边卖冰激凌的摊贩生意异常红火，有许多买冰激凌的顾客。

显然，卖冰激凌的摊贩也没料到自己的生意会这么好，自带的冰激凌碟子很快就用完了。

看着失望的顾客，冰激凌摊贩非常着急，但又无计可施。看到这一幕，哈姆威灵机一动，他迅速地把自己的薄饼卷成锥形，递给冰激凌摊贩装冰激凌。

这种锥形薄饼冰激凌迅速受到顾客们的一致追捧——因为不用退小碟，顾客可以拿着边走边吃，吃完冰激凌再把薄饼吃掉。这样，在品尝完冰激凌的美味之后，又可以品尝到薄饼的面香。

令他俩都没有想到的是，这种锥形薄饼冰激凌成为这次世界博览会上最受欢迎的美食，并迅速在全美乃至世界各地传播，后来又演变成今天的蛋卷冰激凌。

卖薄饼的哈姆威与卖冰激凌的摊贩通过这样的合作，都获得了丰厚的回报。

如果当初哈姆威不与卖冰激凌的摊贩合作，那等待他的只有生意惨淡的结局，卖冰激凌的摊贩也会因为没有盛冰激凌的碟子而着急不已。而当哈姆威想到与摊贩合作的时候，一切就不同了。卖冰激凌的摊贩可以继续卖冰激凌，哈姆威的薄饼也销量大增，顾客又吃到了美味的食物，还由此产生了一种新的美食——蛋卷冰激凌，可谓“一举四得”。与他人合作，有时会有意想不到的收获。

肖东也是一样。隋部长给出的考题，一个人是无法在5分钟之内完成的。这时如果肖东继续单打独斗，显然无法通过考核，但他如果与旁边的考生合作，一个人负责把文件排列整齐，然后用两只手紧紧握住文件的两角，另一个人负责用力将夹子按开，两人配合，就可以迅速夹好文件。整个工作在5分钟内完成会很轻松，两个人也都能通过考核。

在新一轮面试中，肖东他们要想按要求完成“吃饭”这个任务，很明显也必须集合大家的“力量”，而且这道题本身就是在考验应聘者的合作意识——如果大家单打独斗，那么15元午餐费平分后，每人不足3元，都无法吃到一份饭，即使自己补齐不足部分，看似完成了“吃饭”的任务，却输在未能有效整合现有资源去解决问题上，况且还是作弊，一定会被淘汰的。

而王佳怡在统计了半个小时后，已经感到工作量太大，自己很有可能无法按时完成任务，但她只是咬牙坚持草草统计完了。如果她及时找科长求助，请求加派两位细心的同事和她一起统计、多次核对，就可以轻松地在一两个小时内完成统计并确保数据准确。科长说她“还有很多‘力’没有用上”，就是指她只想到竭尽自己的力量，没有想到与他人合作，形成合力。

从上面的案例中我们可以发现，世界上有许多事情是我们无法独立完成的，只有通过与别人的合作，才可能达到预期的目标。就像用一个大文件夹把一厚摞文件夹起来这样的小事，都需要两个人的协调配合才行，更不必说那些纷繁复杂的事情了。

合作就是个人与个人、群体与群体之间为达到共同目的，彼此相互配合的一种行为方式。一个人学会了与别人合作，也就获得了打开成功之门的钥匙。所以说，小合作有小成就，大合作有大成就。

小贴士

关于团队合作

什么是团队？团队是两个以上的个体，为了实现共同的目标而组成的相互协作的正式群体。

团队的核心是合作。

什么是团队合作？团队合作是指团队成员为了达到共同的目标而采取的协同、配合和努力。

团队合作强调通过成员的共同贡献获得集体成果。这个集体成果，常常大于成员个人业绩的总和，即“1+1>2”。

我们都知道，合作很重要，团队合作尤为重要。

对我们个人而言，自己一个人无法完成的事情，通过团队合作可以完成；自己一个人完成需要耗费大量时间和精力的事情，采取团队合作可以又快又好地完成；即使我们自身很优秀，团队合作也可以让我们强强联合，把自己的力量发挥到极致，从而产生更大的效益。

今天，我们处在一个更加开放和复杂的时代，各行各业的分工日益精细，对个体的能力要求更加精准，个人靠单打独斗取得成功变得越来越难。而在团队中，每个人都可以发挥自身所长，互相配合；针对同一个问题大家可以提出不同的解决方法，有助于产生更优的解决方案；通过头脑风暴，大家更容易产生新的想法，不断创新。对于整个社会而言，团队合作已经成为人们应对激烈竞争的必然选择。

说一说

1. 你知道哪些通过团队合作使“1+1>2”的事例？

2. 还有哪些事情或在哪些情境下，团队合作是最佳选择，它会带来什么好处呢？

3. 所有的事情都适合选择团队合作来完成吗？总结一下，什么类型的事情自己一个人做会比较高效，什么类型的事情采取团队合作会更高效？

练一练

重做“造山运动”

游戏规则：10人一组，围成一圈，背靠背坐在地上，不用手撑地站起来。最先完成者为胜，最先放弃者为败。

要求：谈一谈这次做“造山运动”与本课程学习之初做，有什么不同？当10个人一起站起来的时候，有什么感受？

二、团队合作的基础

虽然说团队合作非常重要，但不是所有的团队合作都能成功，也有很多在合作过程中大家不欢而散的例子。

在团队合作之前或者合作的过程中，必须具备一些要素才能保证合作的高效和长久。

（一）具有清晰可行的团队目标

马东南、张天宇、王琪、梁攀、劳洪瑞是同一所技师学院信息系毕业的同学。两年前，他们合资创办了一家动漫制作工作室，决心要打造精品动漫，让用户在观看动漫时体验到快乐，收获成长。虽然5个人性格、专长都各有不同，经常会为一件事情吵得不可开交，但是大家有一个约定，那就是为了工作室的发展，哪怕意见再不同，也要求同存异，在一周内多次召开讨论会，直到找到合适的解决方案。5年后的今天，这家工作室在业界已经小有名气，发展势头良好。

马东南、张天宇、王琪、梁攀、劳洪瑞这5位个性不同的人，能够团结在一起，在竞争激烈的市场站稳脚跟，一个重要的原因就是他们确立了一致、清晰、可行的团队目标。当5个人的意见不统一的时候，围绕这个团队目标，大家可以良性互动，最终形成一个所有人都相对满意的、可以接受的解决方案。

人们常说，一个人走得快，一群人走得远。其实，走得远的那群人，一定是目标一致的，否则不可能行稳致远。

在“造山运动”游戏中，大家的目标就是让自己所在的小组在最短的时间内站起来，完成“造山”。在游戏过程中，这个目标会成为一种信念，让大家把所有的关注点都聚焦在如何尽力与同伴相互支撑，形成合力，完成“造山”上。这个信念还让大家产生强烈的团队归属感：与团队荣辱与共，不让自己成为团队的拖累，不让自己的团队落后。为此，大家愿意打破彼此之间的隔阂和差异，最大化地发挥自己的力量，为团队的荣誉去努力。

所以说，团队成员想要高效、长久地合作，首先离不开一致的、清晰的、可行的团队目标。这样的团队目标能够为团队成员指明努力的方向，激励各成员展开合作，也能够在团队成员进行了一个阶段的努力后，提供客观的考核参考。

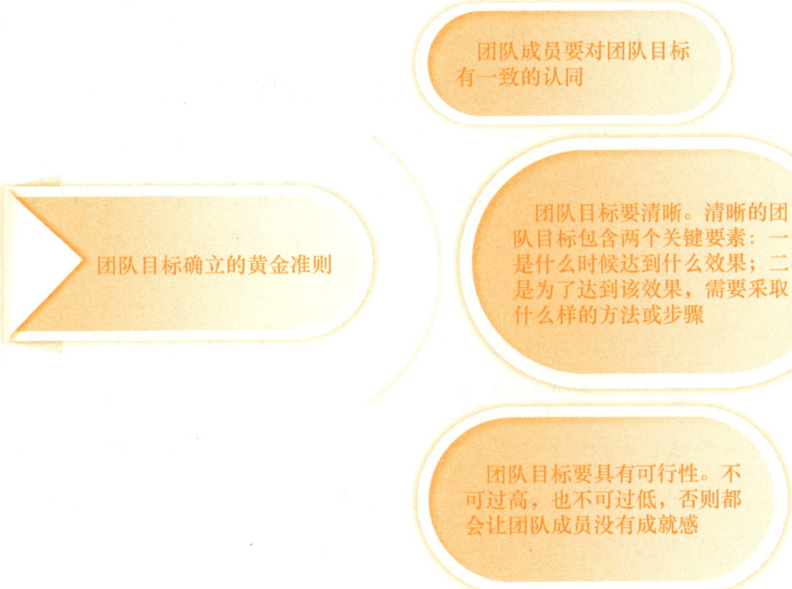

团队目标确立的黄金准则

- 团队成员要对团队目标有一致的认同
- 团队目标要清晰。清晰的团队目标包含两个关键要素：一是什么时候达到什么效果；二是为了达到该效果，需要采取什么样的方法或步骤
- 团队目标要具有可行性。不可过高，也不可过低，否则都会让团队成员没有成就感

（二）能够实现共赢

公司计划在3月召开新产品推广展销会，市场部的张雯和公关部的王蕾分别带领各自的团队参与这一重要项目。5年前，张雯和王蕾曾是同班同学，一个是班长，一个是团支书，两个人都很有能力，也很有个性，在很多问题上互不相让，给班级工作带来了一些不利影响。这次要共同参与公司的重要项目，有人担心她俩会像以前那样“碰撞”得火花四溅。但出乎所有人的意料，两人虽然工作起来仍旧风风火火，但无论是执行前期方案，还是面对突发状况，她们都能互相配合，带领各自团队积极寻找解决办法，让问题得到及时妥当处理。在两人及其团队的通力合作下，展销会办得非常成功，新产品顺利打入市场。

张雯和王蕾在学生时代有过不太愉快的合作经历，影响了班级工作的开展。走上工作岗位以后，两个人面对同一个项目，已经懂得了互相配合才是团队高效合作的基础，所以能够形成合力，保证了项目的圆满成功。

合作共赢是确保团队能够高效、长久合作的重要条件。现代经营是分工合作的经营，有分工必然有合作，而合作的基础是利益的共享和共赢，如果不考虑各方的利益关系，做不到互利共赢，势必造成合作关系的破坏甚至中断，合作也是难以实现的。

陈宇和曾祥在东岳公司从事技术研发工作。近期，公司计划对一条生产线进行升级改造。研发部经理认为，陈宇重实干，曾祥有想法，刚好可以互补，所以将他俩分在一组，带领本组成员一起进行研发，并许诺项目完成后提升他们中的一人担任项目经理。两人听后各有打算：曾祥觉得，没有自己的创意，其他人根本无法找到正确的方向，自己的功劳最大，项目经理理应由他来做；陈宇认为，任何创意如果不落地都是空想，只有真抓实干才能完成任务，他才是项目经理的不二人选。因此，两个人暗地里互相较劲甚至互相拆台，结果任务没能如期完成，两人不但经理梦落了空，还受到公司的处分。

陈宇和曾祥各有长处，如果合作，可以取长补短，形成合力。部门经理的许诺，本意也是想激励他们发挥各自优势，相互配合，更好地完成任务。可惜的是，这个许诺却导致二人没开始合作就各存私心，忘记了首先应该相互配合完成生产线升级改造这一共同目标。他们在工作时相互拆台，导致工作目标未能实现，给企业带来损失，也给个人的发展带来不利影响。事实证明，不能实现共赢的利益分配规则，不可能带来高效的合作，也就不可能实现团队目标。

议一议

如果你是研发部经理，你能想到几种利益分配方案让陈宇和曾祥高效合作？以小组为单位进行讨论，并上台分享本组的几种方案。

小贴士

团队成员之间实现合作共赢的条件：

1. 每个人都处于适合自己的岗位，并且能够优势互补，互相配合。
2. 利益分配方案公平合理。

（三）团队成员之间相互信任

赵莎莎、钱媛、孙越、李明4个人一起开了家餐厅，李明是一个很有责任心的人，大家一致同意由他当店长。李明上任后给大家做了分工：孙越和钱媛负责厨房工作，赵莎莎负责前台接待，并要求大家精诚团结，努力工作。但开业后，李明不是觉得赵莎莎接待顾客不够热情，就是嫌孙越、钱媛出菜太慢，忍不住去提醒或催促一番。一段时间下来，赵莎莎和钱媛都很是不快，觉得李明自以为是，谁都不信任。她俩在孙越面前表达自己的不满情绪，孙越觉得李明本意是好的，只是有点儿急躁，就劝赵莎莎和钱媛不要计较，又委婉地提醒李明："刚开业，大家都需要一个适应过程，别着急，对大家多一点信心啊！"李明听后，意识到自己的问题，就不再催促大家，而是和大家在营业结束后一起讨论怎么改善流程，这样大家就越来越有默契了。

赵莎莎、钱媛、孙越、李明在开餐厅的时候出现了互相不信任的情况，不过他们及时纠正了过来。如果赵莎莎、钱媛她们一直感觉得不到信任，就会对李明产生不满，从而与李明发生矛盾和冲突，那样的话，就不可能实现团队高效、长久的合作。孙越的及时提醒为团队合作带来转机，当李明不再过度担心和催促，赵莎莎和钱媛也不再抱怨，大家一起在营业结束后想办法，每个人的主动性和积极性就开始迸发出来，大家顺利度过了磨合期，培养出了默契，从而保证了餐厅的正常运转。

一个高效合作且有凝聚力的团队，成员之间是相互信任的。有了这份信任，团队成员才能敞开心扉，敢于暴露自己的缺点和不足，放心地接受对方的批评，而不是彼此戒备，遇到问题恶意猜测同伴的言行；有了这份信任，团队的目标才更容易实现。

想一想

团队成员相互信任有哪些具体的表现呢？

1. 遇到问题、困难、风险时，不相互抱怨和推诿，不轻易逃避，而是一起分析原因，讨论解决办法；必要时，愿意牺牲部分个人利益。

2. 共享而不是独享有价值的信息。

3. 有不同意见时，可以就事论事地畅谈、讨论。

4. 遇到需要一起完成的重要或紧急任务时，大家会积极主动承担一部分。

还有哪些呢？一起想一想吧！

练一练

“疾风劲草”小游戏

游戏步骤：由8~12人肩并肩围成一个紧密的圆圈，每个人都做出正确的保护姿势。一个人站在圆圈的中央，两手交叉放在胸前，身体绷直，向周围的成员确认已准备好接住他后，便向身后倒去，其他成员将这个成员接住后沿着圆圈转一圈，完成一圈后，大家扶正这个成员，使其回到圆圈中间。

谈一下你对这个游戏的认识和体会。

课后练习

1. 从你与他人合作的经历出发，给大家讲一讲你对“1+1>2”的认识。

2. 除了文中提到的要素，为实现团队高效、长久合作，还应该具备哪些要素？结合本课已介绍的团队合作基础要素，做出你自己专有的团队合作基础要素思维导图。

3. 阅读案例，回答问题。

赵莎莎、钱媛、孙越、李明4个人在讨论餐厅发展目标时发生了激烈争吵。李明认为，尽快实现盈利是当下的重点，菜品种类和精致程度不必太讲究，只要保证卫生、可口就好。但烹饪专业出身的孙越和钱媛却十分不认同，他俩认为无论什么样的餐厅，菜品的种类和质量是永远不变的核心要素，应放在首要位置。而学营销的赵莎莎觉得应花大量精力做好广告宣传，广而告之，客源自来。4个人各执己见，谁也说服不了谁。

你认为赵莎莎、钱媛、孙越、李明4个人在团队目标的确立方面存在什么问题？和你的小伙伴们讨论一下，帮他们确立一个一致、清晰、可行的团队目标吧。

4. 填写下列工作任务单，按要求完成任务。

工作任务单

<table>
<tr><td>练习任务</td><td colspan="2">组建设计团队</td><td>练习形式及成果</td><td>小组讨论方案展示</td></tr>
<tr><td colspan="5">工作情境描述</td></tr>
<tr><td colspan="5">你们是一家形象设计公司的设计师，现在接到任务：组建团队，为杨婕进行总体形象设计
杨婕是一名室内环艺设计师。她个子不高，平常喜欢穿印有卡通图案的宽松卫衣和白色球鞋，又长着一张娃娃脸，显得很学生气。虽然她业务能力很强，但却总是得不到客户的信任。杨婕为此感到很苦恼，决心改变自己，于是找到你们公司，希望你们能给她做出专业化的形象设计
而你们作为新入职的员工，也希望通过这次任务，展示自己的业务水平和能力素养，赢得公司的认可</td></tr>
<tr><td>讨论问题一</td><td colspan="4">你们认为这次团队任务的目标是什么？</td></tr>
<tr><td>讨论结果</td><td colspan="4"></td></tr>
<tr><td>讨论问题二</td><td colspan="4">你们认为团队成员应该做怎样的分工？每个角色应承担怎样的责任？</td></tr>
<tr><td rowspan="4">讨论结果</td><td rowspan="4">角色名称</td><td></td><td rowspan="4">角色职责</td><td></td></tr>
<tr><td></td><td></td></tr>
<tr><td></td><td></td></tr>
<tr><td></td><td></td></tr>
<tr><td>讨论问题三</td><td colspan="4">由小组长主持，全组小伙伴一起努力，为杨婕做一个得体的形象设计，并向全班同学讲解你们小组的设计思路</td></tr>
<tr><td>讨论结果</td><td colspan="4"></td></tr>
</table>

第二课　融入你的团队

学习目标

1. 能够养成团队意识和团队精神。
2. 能够掌握融入团队的方法，并运用相关方法解决实际问题。

翻转课堂

本课导读

融入你的团队

- 主动融入的姿态
  - 用好第一次同团队成员打招呼的机会
  - 从身边开始，搭建工作网络
  - 通过提问与团队成员建立联系
  - 用积极配合的态度与团队成员交谈
  - 积极参与营造和谐团队氛围
- 主动了解团队文化
  - 了解团队的目标计划与规章制度
  - 了解团队的结构

一、思考

1. 你还记得刚入学时的情景吗？你是怎样融入班级团队的？举一两个具体事例。

2. 你觉得自己掌握融入团队的方法了吗？课本中介绍的方法，你比较认同哪些？还有什么可以补充的吗？

二、简析

杨婕到公司工作快 3 个月了，自己部门外的同事她一概不认识。平时她总是独来独往，上班时就坐在自己的办公桌前哪儿也不去。她不太参与办公室里的聊天，也不跟大家一起去吃午饭，即使在单位同事群里，她也是一个从不冒泡的“潜水者”。她最怕的就是在上班路上遇到同事，因为她记不住别人的名字，也不喜欢跟人家打招呼。

你觉得杨婕这样能融入团队吗？她的问题出在哪里？

融入团队意味着个体与团队其他成员相互认可与接纳。

个体只有真正融入团队，才能形成与团队成员行为方式上的互补、互动和协调一致，从而形成合力，产生“1+1>2”的效应。

我们都知道，初入职场，如果能够迅速而又自然地融入团队，获得团队成员的认可和接纳，就可能获得更多的发展机遇，更快地进入职业发展期。

具有独立个性的我们，怎样才能快速融入团队中，在团队中促进自身发展、实现自我价值呢？

一、主动融入的姿态

张庭是学机械装载的，毕业后应聘到合力装卸设备公司工作。张庭所在的销售部门加上张庭有 7 个人，经理老庄是位不到 40 岁的男同志，大嗓门；副经理是一位女同志；还有 1 个女业务员、3 个男业务员。张庭来报到时，从她的视角出发，她看到的景象是这样的：副经理正跟那个女业务员说着什么，那个女业务员点头附和着；几个男业务员都各自在工作，没人说话。老庄领着她跟大家见面，给她介绍副经理姓名，张庭没听清，也不好意思问，感到有些尴尬，就含糊地问了声好，副经理似笑非笑地看看张庭。那个女业务员朝张庭扬了扬手，算是打过招呼了。几个男业务员也都淡淡的，或是笑笑，或是点点头，张庭不知道该怎样跟大家打招呼，见大家似乎都不爱说话，她也松了一口气。

你觉得上班第一天的张庭，这个开局怎么样？

让我们接着往下看。

上班第一天，老庄给她安排的工作是整理这个月的报表。那个女业务员和一个 30 岁出头的男业务员把一些报表给了张庭，张庭看了半天也没看明白，她想问那两个老业务员。女业务员在打电话，打完电话就出去了；那个男业务员拿着手机在聊天，似乎有什么不愉快，眉头皱得很紧，张庭觉得这时候去打扰他不太明智，就想再等一会儿。

两个小时后，老庄过来问张庭：“报表做得怎么样了？”张庭嗫嚅了半天，说：“我不知道怎么做……”老庄急了：“不会做还不知道问啊？”

张庭第二天就辞职了。

快速融入团队是一件很重要的事。一个不会融入团队的人，无论在哪里工作，都容易产生巨大的失落感，使自己游离于团队之外。

不过，一个新人要融入团队，并不是一件容易的事。

像许多人那样，张庭曾经对职场生涯做过无数美好的设想，只是她绝对想不到自己刚上班一天就选择了放弃吧。

为什么张庭没有珍惜难得的工作机会，只上班一天就辞职了呢？

张庭的问题是，没有做好主动融入团队的心理准备，拘束、放不开。例如，当她面对完全陌生的工作时，本应该第一时间询问两位老业务员工作要领和具体做法，因为不好意思，所以总是找不到合适的时机，白白浪费了很多时间。

其实，无论是谁，来到一个陌生环境，都会感到有一些不适应。要破解这个困境，必须提前做好充分的心理准备——无论新单位和新同事是否符合自己的期望，都要摆出主动融入的姿态，尽快打开局面，尽力融入其中。

（一）用好第一次同团队成员打招呼的机会

在第一单元中，我们学过“敲开人际关系的大门”一课。第一次跟新同事见面、打招呼、做自我介绍，就是一次敲开人际关系大门、融入团队的绝佳机会。

想一想

怎样跟初次见面的同事打招呼？

用什么称呼能在第一时间赢得好感、拉近和同事的距离？

小贴士

上班第一天，怎样做自我介绍？

1. 介绍姓名要清晰

入职第一天要想让团队其他成员记住自己，就从记住名字开始。介绍自己姓名的时候要用普通话，声音要清晰响亮，节奏适中，必要时加以说明。

2. 注意搭建工作关系

在自我介绍中，清楚地说出自己将主要负责的工作，这样可以引起与自己有直接或间接工作联系的人的注意。

3. 提前做好准备

提前做好不同风格自我介绍的预案，根据具体情况决定用哪个。准备的预案应言简意赅，态度谦和诚恳。

（二）从身边开始，搭建工作网络

如果说自我介绍是与团队成员建立关系的第一步，那么，后面这一步也不可忽视。

这就是在团队中找到这 3 类人，搭建自己的工作网络。

第一类人是导师和团队直属领导。

很多公司很重视新入职员工的培训工作，常常会为新员工安排一位优秀的老员工做导师。我们一定要用好这一福利，多虚心请教导师，通过导师的帮助打开局面。

很显然，张庭他们公司没有这样的安排。像张庭这样腼腆、怕打扰别人的人，遇到问题不知道怎么办时，主动找团队直属领导就是最好的选择了。张庭完全可以找到老庄，请他指导自己，如“庄经理，我在学校时是学机械装载的，以前没有接触过统计方面的知识，以后要好好补课。您能不能先教教我怎么做这个报表？”

找直属领导，还可以跟他明确几个问题：

一是自己的岗位职责与绩效衡量指标。

二是入职阶段的学习计划。

三是自己的导师。一般来说，领导会提前安排导师。如果像老庄那样没有提前安排，张庭若能主动沟通，可以帮助老庄及时弥补疏忽之处。这样，张庭也不至于有置身荒漠之感。

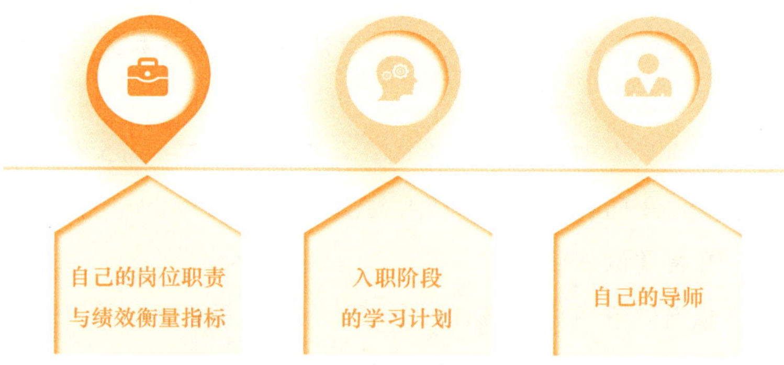

第二类人是邻近工位的其他团队成员。

主动打招呼，询问对方负责的业务工作，遇到问题可以就近向他们请教。

同样是刚入职的新人，领导交给一大摞账簿、报销单来处理，田继莲就处理得很好。

田继莲刚到财务处报到，吴处长就打开文件柜拿出一大摞账簿和报销单，对她说："你来得正好，负责支出核算的陈会计休产假了，你先接替她的工作，把前两周积压的这些事儿处理完。"

吴处长简单讲解示范了基本操作规程后，就带她到会计室。

田继莲的对桌是负责收入核算的万会计。田继莲遇到不清楚的地方，便先请教对面的万会计。她按照万会计的建议，先去阅读有关规章制度，边阅读边将重点条目抄到笔记本上，准备晚上回去再复习一遍。然后又分出轻重缓急，做好了第一批报表，送给吴处长审核。

田继莲能顺利进入工作状态，与她善于请教对桌的万会计是分不开的。

第三类人是同批入职的人。

因为大家都是新入职的，必然有很多感受是相同的，遇到问题相互沟通一下，互相支个招儿，对于消除刚入职的紧张感也是很有帮助的。

说一说

你到一个新团队是怎样打开局面的？有什么心得体会？跟大家交流一下吧。

（三）通过提问与团队成员建立联系

很多人像张庭那样，新入职时无法克服与陌生人交流的恐惧感，不敢向团队其他成员问问题。

其实，如果我们能适时提出合适的问题，团队其他成员一般都会比较乐意回答。

作为新成员，可以问的问题很多。

问什么呢？开始的时候，不妨从一些简单的问题入手：洗手间在哪里？在哪里打开水？餐厅在哪里？附近哪里的午餐比较好吃？哪家咖啡比较好喝？公司对着装有什么特别的要求吗？公司还有哪些日常必须遵守的规定？

也可以像田继莲那样问一些业务性问题：这个表里这几栏应该怎么填写？这个数据是什么意思？电子邮件的行文风格有什么要求？

请注意，每次提问，以"我想请教一下"开始，无论对方是否给予了自己所期待的答复，都应以致谢语结束。

问问题是与他人建立联系的一个捷径。尤其是请求指教类的问题，往往能很好地表达出我们对团队其他成员的尊重和谦虚上进的态度，从而拉近双方的关系。

当然，提问题也要适度。不要问个人隐私或敏感问题，比如女士的年龄、男士的薪水、年轻姑娘的婚恋问题等；不要显得咄咄逼人，如果对方不愿回答，不要死缠烂打；不要询问其他人的各类传闻；不要反复问同一个问题，尽量问一次就记住该怎么处理类似的事。

想一想

最好的成长方式莫过于向优秀的人提问请教，但问题要提得有水平。想一想，如果你被新加入的团队成员请教，什么样的问题你会感觉对方提得有水平？什么样的问题你会感觉没水平？

（四）用积极配合的态度与团队成员交谈

只有理解团队其他成员的善意，并给予积极回应，才能和对方聊得下去，才会缩短彼此之间的心理距离。

报到第一天，林甜甜拿出自带的纯净水准备喝，旁边的文姐告诉她，公司大楼里每一层都有茶水间。林甜甜兴奋地问道：“咱们公司这么好啊！茶水间在哪里呀？”文姐笑了：“正好我也要去打水，带你一起去吧。”

林甜甜高兴地向文姐道谢，然后跟着文姐去了茶水间。一路上，文姐告诉她，茶水间里还有茶点，味道不错，尤其是抹茶酥，配咖啡和红茶都是很好的，一会儿可以尝尝。林甜甜说：“我最喜欢抹茶味儿的糕点了！”文姐也挺高兴：“是吧？看来我的推荐很对路啊！”两人都笑起来。

当文姐说到公司茶水间时，如果林甜甜回答“不用了，我喝自带的水就行”，情况会怎样？

当文姐说带她一起去的时候，如果林甜甜回答“谢谢，我自己去就行”，情况会怎样？

当文姐介绍抹茶酥的时候，如果林甜甜回答“我不喜欢抹茶味的糕点”，情况又会怎样？

练一练

以张庭为主人公，从“打招呼”“提问”“聊天”3个方面帮她设计一个上班第一天融入团队的预案，帮助她顺利打开局面，融入所在团队。设计好预案后，与你团队的小伙伴们一起表演出来。

（五）积极参与营造和谐团队氛围

新来的张雯是一个性格开朗的女孩子。

她喜欢花，经常订购各种不同的鲜花。不过，张雯并没有把花只放在自己的桌上，而是用各种不同的瓶子当花瓶，插上一枝或一束花，摆在每个人的桌上。每天看到不同的鲜花，大家都很高兴，好多人因此爱上了花艺，经常给自己或家人订上一束鲜花。

她还时不时地给大家一个小惊喜。比如，儿童节时，她带来一大把系着丝带的彩色铅笔给大家当节日礼物，还一边发礼物一边笑着说："祝超龄儿童节日快乐！"虽然礼物只是一支铅笔，但每个人都很开心，就连平日不苟言笑的部门经理也忍不住笑着说："你这丫头哪来的这么多新花样！"

在张雯的带动下，分享美好的东西已成为他们部门的一个特色。出差的人会带些当地的风味点心回来，巧手妈妈们常常把自己制作的小食品带给大家一起品尝。

看到他们部门的氛围这样欢乐融洽，其他部门的人都十分羡慕。

团队氛围是团队成员在不断交流和互动中逐渐形成的一种环境。和谐的团队氛围能够使每个成员心情愉悦，有归属感，有助于促进团队成员之间高效、愉快地合作。

团队氛围的营造人人有责，当我们主动参与到团队和谐氛围的营造中时，就已经和团队其他成员产生了共鸣，获得了他们的初步认可。

二、主动了解团队文化

我们加入一个团队后，除了要拿出主动融入的姿态外，还要熟知团队的基本情况，这样才能更好地融入团队，有效发挥自身的才能，与他人紧密配合。

张庭上班一天就做出辞职决定，固然与张庭自身缺乏主动融入团队的思想准备，以及过于敏感的心理特点有关，其实，也与她对团队缺乏了解，没有找到与团队的契合点分不开。

从张庭的角度看，老庄带领的这个团队不是自己理想中的样子：团队领导者老庄的工作方法比较简单粗暴，不曾对自己进行指导和引领，只管分配任务，然后就要工作结果；团队成员没有表现出对自己的热情欢迎；无论是老庄还是其他人，都没有问一下自己是否知道该怎样完成任务。

这样的团队，让人感受不到应有的温暖，似乎的确不是一个理想的团队。张庭一时难以适应，也很正常。

是不是果真如此呢？显然不是。

这个团队在张庭到来之前，已经有6个人了，如果是像张庭感觉的那样糟糕，那么他们为什么能一直坚持留在这里？难道是他们离开这家公司就找不到更好的工作了吗？其实并非如此。张庭不知道，全公司业务能力排前10名的业务员中，他们部门就占了3个。这样的业务员到哪里都会很受欢迎的。由此可见，在我们没有全面了解一个团队之前，不能单凭一时的片面印象就急于做出判断。

要了解一个团队，应该先从了解团队文化开始。

小贴士

什么是团队文化？

团队文化是团队成员在相互合作、完成团队目标、实现个人价值的过程中，逐渐形成的一种团队内涵成果，包含团队目标、规章制度、价值观、行为规范等方面的内容。

团队文化具有统一员工意志，规范员工行为，凝聚员工力量，促成团队目标实现的功能和作用。

那么，要真正融入一个团队，需要重点了解团队文化的哪些方面呢？

（一）了解团队的目标计划与规章制度

1. 了解团队目标

成立团队是为了达到某个目标。没有目标，团队就没有存在的价值。作为新加入团队的成员，我们首先要清楚团队的目标，促进共同价值观和优秀团队文化的形成。在与大家一起朝着同一方向前进的时候，我们自然也就融入了团队。

像前面案例中的张庭，她只有了解并认同自己所在团队的目标，才能在思想上、行动上与整个团队保持一致，从而更好地融入团队。

张庭可以通过哪些途径了解团队目标呢？

她可以登录公司或部门网站，浏览了解公司的发展目标、定位和思路；也可以请部门领导老庄或公司人力资源部的人给她讲解介绍；还可以通过网络媒体上的有关动态报道，从不同侧面增进自己的了解。当然，如果她能主动与团队其他成员交流，也会对团队目标增加更多感性认识。

2. 了解团队计划

什么是团队计划呢？

团队计划是团队为达到目标所制定的具体的行动方案，是对未来活动所做的事前预测、安排，是团队实现目标的路线图。团队计划可以指明方向，有助于有限资源的合理配置，有助于调动团队成员的积极性，并为过程控制提供标准。

团队计划一般包含目标、战略途径、人选、进度安排、资源预算、应变措施等。团队计划是团队成员分工合作的依据，因此，作为团队一员，我们一定要清楚团队的计划，这样才便于我们与团队其他成员保持一致的步调。

张庭不知道，在她到公司报到的前一天，老庄刚向部门成员传达了公司新调整的计划。按照新计划，他们部门本月销售额要比上个月增加5%，这意味着必须开拓新的市场领域，所以每个人都深感压力。老庄就更不必说了，因为人手不够，他向人力资源部提出增加新成员的要求，没想到来了个腼腆内向的小姑娘。部门的人都知道，老庄给张庭安排那个工作就是想看看她适不适合干销售，却没有想到，这个姑娘根本经不起考验。

3. 了解团队规章制度

丁健是福士公司的仓储管理员，入职才两个月就挨了批评，还被扣了工资。

事情是这样的：丁健的本职工作是仓库分拣。有一天，主管派他去帮助其他组的人搬运货物，让他把一箱没有封装的货物从三楼的仓库搬到二楼的仓库。货物出库时，丁健进行了登记，但在搬入二楼的仓库时却没有登记。后来这箱货物里有一些物件找不到了，由于丢失的物件价格不菲，公司追查此事，认定丁健有一定的责任。丁健受到了批评，还被扣了工资。

丁健感到很委屈。

这个案例，从过程来看，丁健确实很委屈，他并没有动那箱货物。但从结果来看，他又不得不承担责任。

问题出在哪里呢？

丁健的问题是他不主动了解公司对于货物出入库的规章制度，违规操作，造成失误。

如果丁健熟知公司的相关规章制度，并按照规定从事日常工作，那么，从三楼出库再搬往二楼，丁健会这样去做：

从三楼出库时，丁健会填好随货出库的相关证件资料和出库清单，并按出库清单上所列物资的名称、规格、数量等信息，与仓库账、物资卡进行全面核对，确认所有信息无误且货物完好无损后，对货物进行简易的外部包装，再搬往二楼。

货物搬至二楼时，丁健拿着随货出库的相关证件资料和出库清单，与二楼仓库工作人员当面清点交接，对物资名称、型号、数量等信息逐一核对，确认无误后，双方在出库清单上签字，将签字单据拿回存档。

双方交接签收完毕，丁健回去后马上更新物资进出、存储台账，做到库存信息准确完整。

规章制度是团队成员共同遵守的办事规程或行动准则，是团队实现目标的保障。

团队中的规章制度，有些是关于部门和人员管理的，比如，有的规章制度规定部门与岗位的职责，有的协调不同部门与人员的工作内容和程序，有的考核与评价部门和人员；有些是关于业务的技术规程、操作流程、技术标准的；有些是引导和约束个人行为的，如《员工行为守则》等。

所有规章制度都是要告诉我们，哪些事是应该做的，哪些事是不能做的，应该做的事如何做是符合流程的。很多时候我们觉得办事难，其实是因为不够了解规章制度，不够熟悉办事流程。有章可循时，按章办事是最有效率的。我们要注意了解和遵守规章制度，这样才能做事高效，得到团队成员的认可。

（二）了解团队的结构

团队结构是团队为实现团队目标而采取的一种分工协作体系。

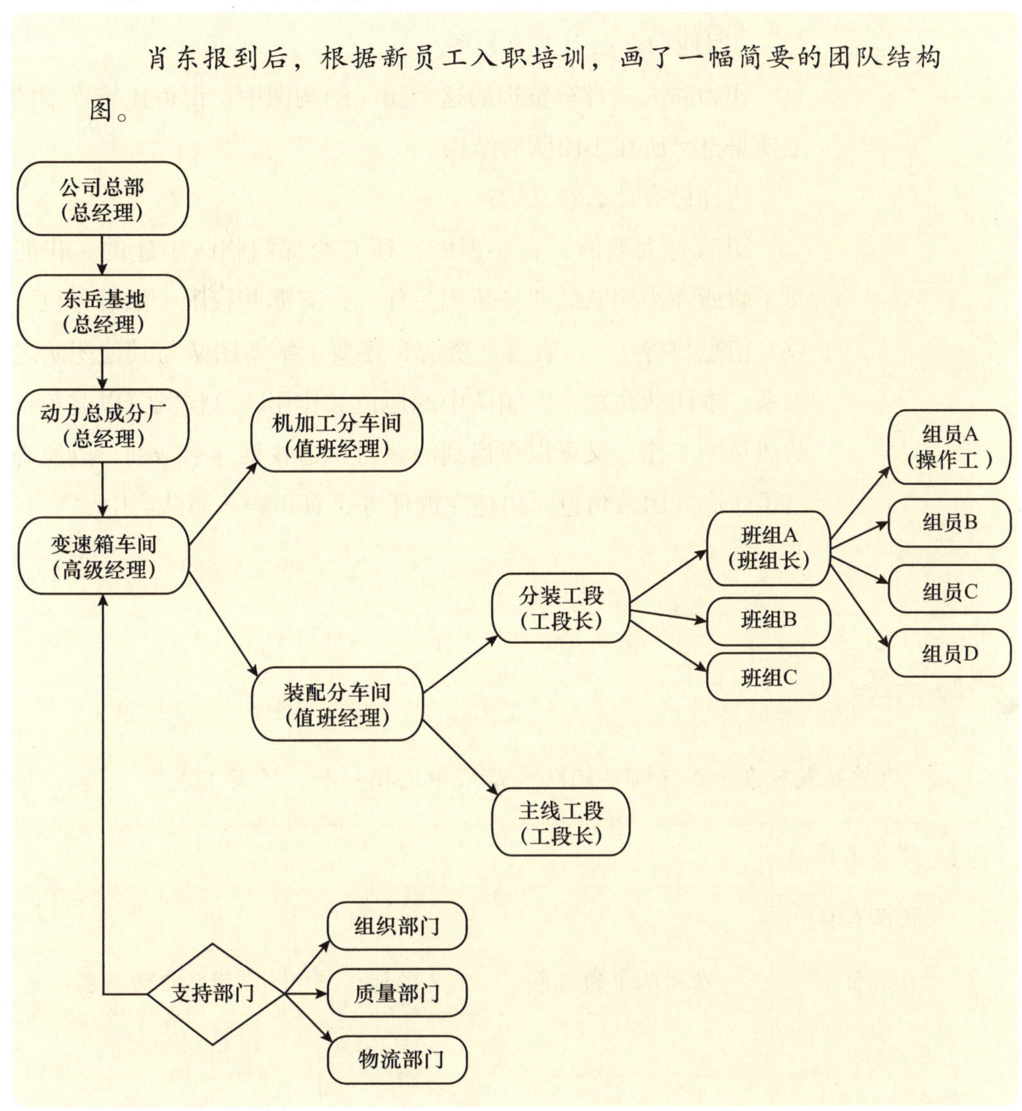

从图中可以看出，肖东是班组成员，是组员 A、B、C、D 中的一个。除了肖东他们班组，还有两个平行班组，班组负责人是班组长；这些班组属于分装工段，与分装工段平行的是主线工段，工段负责人是工段长；分装与主线工段隶属于装配分车间，与之平行的是机加工

分车间，每个分车间由值班经理负责；两个分车间又隶属于变速箱车间，由高级经理负责；再往上是动力总成分厂，动力总成分厂的上一级是东岳基地，最高层级是公司总部，这 3 个层级的领导都是“总经理”，但他们存在上下级关系。

作为新人，肖东整理的这个团队结构图中，记得比较详细的部分主要是自己所在小团队的结构。

这样做有什么意义呢？

团队有大型的，有小型的，还有跨部门临时组建的。我们不仅要了解所在小团队的业务范围是什么，有哪些权限（如财务权、人事权、信息权等），占有哪些资源，还要了解本团队与其他团队之间的关系，本团队在整个大团队中的地位和作用。这样既可以避免重复团队成员的工作，又可以在遇到问题时知道找谁寻求帮助，以便确保自己迅速进入团队角色，出色完成任务，真正融入团队当中。

练一练

你曾经或现在参加了哪些团队？请从中选择一个，填写下表。

团队名称			
团队目标			
成员	在团队中的角色	成员	在团队中的角色

一般来说，重视新成员培训的团队，往往会在新成员加入时，向其介绍团队目标、结构、规章制度等，让新成员对团队有一个基本的了解。

但并非每一个团队都会如此。有一些团队，就只是让新成员在做中学，通过实践获得真知。这就要求新成员自己做好功课，通过各种渠道了解团队文化。

不要觉得用不着了解那些。其实，整个团队就像一台机器，我们如果不知道自己处于这台机器的什么位置，以及这台机器是如何运转的，又怎么能知道自己该怎样发挥作用呢？

课后练习

1. 除了课本中列举的几个方面，还可以从哪些方面加深对团队文化的了解呢？尝试做出思维导图。

2. 假如你是杨婕的导师，你会怎样帮助杨婕融入团队？与你所在小组的小伙伴一起，制定一个可行的方案吧。

3. 张昊刚到公司时，跟人说起话来经常会说，这里不行，他以前实习的那个单位如何如何好。公司要进行半年工作总结，领导让他把部门工作做个报表，再做成 PPT。张昊说："我是搞销售的，又不是做文秘的，这事儿我做不了。"

说一说：张昊的这些做法有什么问题吗？他应该如何加以改进？

第三课 与团队成员高效合作

学习目标

1. 了解并掌握与团队成员高效合作的方法。
2. 能运用团队高效合作的方法处理问题。

翻转课堂

本课导读

与团队成员高效合作

- 尽好职责，赢得同伴信任
  - 忠于团队
  - 熟悉自己的岗位职责，做好自己的分内工作
  - 找准团队角色定位
  - 练就过硬的执行力
  - 找对学习榜样
  - 树立内部客户意识
- 信任并积极影响同伴
  - 真诚与信任：一个也不能少
  - 传播正能量给同伴

一、思考

1. 你认为与团队成员高效合作的关键要素是什么？能具体说说吗？

2. 你在团队合作中扮演过什么角色？在这个角色中你需要做的是什么？

二、简析

1. 公司决定8月举行一次大型促销活动，梅经理安排张昊在3天内做一份策划方案。张昊没等梅经理说完就叫起来："3天？写一份大型活动策划方案？怎么可能？"梅经理严肃地说："这次活动意义重大，公司董事会非常重视。现在离活动举办只有不到1个月的时间，必须尽快拿出策划方案，然后各部门分头准备。没有讨价还价的条件！"张昊听后叫得更响了："8月一向都是咱们的销售淡季，啥时候在这个时间段搞过大型促销活动啊！谁出的馊主意？这么没谱的事儿我做不了！谁能做谁做吧！"

你认为张昊应该这样说吗？作为一名团队成员，张昊的问题是什么？

2. 冯经理把同样的任务交给了张雯。

作为刚入职不到1年的新员工，张雯觉得压力很大，但她没有推辞，而是认真听完任务要求，进一步询问一些具体问题，如举办规模、涉及部门、经费投入等。没想到冯经理说："3天之内拿出方案。其他方面自己考虑！"张雯问冯经理："这样的活动咱们公司以前办过吗？"冯经理想了想说："据我所知，从未有过。"张雯有些吃惊："这么说，是要我'把信送给加西亚'啊。"她想了想，坚定地说："好！我一定完成任务！"

3天后，张雯果然拿出了一份完整的策划方案，交给董事会研究后，董事会一致认为方案总体不错，个别地方做些微调即可执行。

张雯为什么说这项任务是要她"把信送给加西亚"？你认为可以怎样完成这个任务？

3. 阅读《把信送给加西亚》，说一说：

（1）主人公罗文中尉完成的是一项怎样的任务？

（2）罗文中尉是怎样完成任务的？

（3）罗文中尉给了你怎样的启示？

没有完美的个人，却有完美的团队。一个团队要想成为高效合作的团队，必须有效整合团队力量，使团队成员扬长避短，优势互补。

作为团队成员，我们必须具有主动与团队其他成员团结协作的意识和能力，不但能融入团队，而且能与团队成员取长补短，高效合作。

团队高效合作，离不开每个团队成员自身的高素质。

一、尽好职责，赢得同伴信任

（一）忠于团队

周俊在一家大公司供职，由于他能力出众，很快就被提拔为技术部经理。他认为，更好的前途正在等着他。

一天，一位外商请他喝酒。席间，外商说：“最近我们公司和你们公司正在谈一个合作项目，如果你能把你手头的技术资料提供给我一份，我们公司肯定不会亏待你。”外商接着小声说：“这事儿只有你我知道，不会影响你。”说着，将20万元的支票递给周俊。

周俊心动了，答应了外商的要求。在之后的谈判中，周俊的公司损失很大。事后，公司很快查明了真相，不仅辞退了周俊，还向法院提起了诉讼。

本可大展宏图的周俊不但因此失去了工作，那20万元也被公司追回以赔偿损失。此时的他懊悔不已，但为时已晚。

周俊本可以在大公司大展宏图，结果因为在诱惑面前丧失了立场，做出了出卖公司利益的事。他最终不仅失去了工作，丧失了名誉，还受到了法律的惩罚，可以说是教训惨痛。

正如一位企业家所说：“永远不要背叛团队，如果想去赚非分的钱，那么，可能连赚本分钱的机会也将失去。”

这是因为一旦团队成员发现某个成员不忠于团队，就会失去对他的信任。谁会与一个自己不信任的人合作呢?

没有忠诚的成员，再大再强的团队都会垮掉。作为团队中的一员，我们要忠于团队，把团队利益放在第一位。团队成员的忠诚能够形成凝聚力，使团队利益最大化，使团队更具有竞争力。团队为成员提供了物质回报和发展机会，忠于团队也是团队成员应尽的责任和义务，一个没有向心力的人，是不受团队成员欢迎的，与大家的协作配合更是无从谈起。

小贴士

怎样做到忠于团队?

1. 要将忠于团队内化为信念。忠诚不但是一种品德、一种操守，而且有利于个人能力的发挥。因为忠诚，我们才更能发挥主观能动性，才会迸发出更多创造力。我们要对团队的工作充满热情和信心，与团队其他成员同甘共苦，持续为团队创造价值。

2. 要将忠于团队外化为行动。服从分工，精诚团结，是忠诚；工作勤恳，勇挑重担，是忠诚；锐意创新，追求完美，是忠诚；维护团队利益，保守团队秘密，是忠诚；热情诚恳，献计献策，也是忠诚。

3. 要将忠于团队固化为责任。忠于职守是忠于团队的核心。团队中的每个岗位都有其相应的职责，只有每个成员做好自己负责的每一个环节、每一个步骤，团队合作才能产生最大的效益。

（二）熟悉自己的岗位职责，做好自己的分内工作

王大勇最近特别恼火。

公司举办高端论坛，他们部门负责会务工作，李刚自告奋勇把邀

请主讲嘉宾的任务领了过去。别的人已经开始着手工作了，李刚却只顾忙着做其他事情。作为主管，王大勇有点儿放心不下，主动询问，李刚胸有成竹地说："没问题！"

可是，临近会期，李刚却突然说："主讲嘉宾临时说不来了！"接着又说道："这活儿没法儿干了！头儿，我不管了，调休1周！"说完，扔下一屋子错愕不已的同事，扬长而去。

王大勇又气又急：一个团队中，最怕这种不声不响把事情搞砸的人。

一般来说，团队的工作是在一群人的协作中进行的，不同人有不同的岗位和相应的职责。每个人只需尽好自己的职责，就可与团队其他成员一起完成一项目标。

团队成员间的合作是复杂多样的，但将其精简化后，我们会发现，在合作的过程中，团队成员主要分为两类：一类是合作的发起者，他们向周围人发起合作的请求，分配资源，号召大家完成一项任务；另一类是合作的参与者，他们完成合作发起者交代的事情，协助合作发起者一起完成任务。

作为职场新人，我们更多时候是合作的参与者。作为参与者，我们需要先了解自己所在岗位的职责，在理解合作目标的基础上，在规定的时间节点按照要求和规范完成所分配的任务，并和合作发起者保持沟通。

具体来说，需要做好以下几个方面。

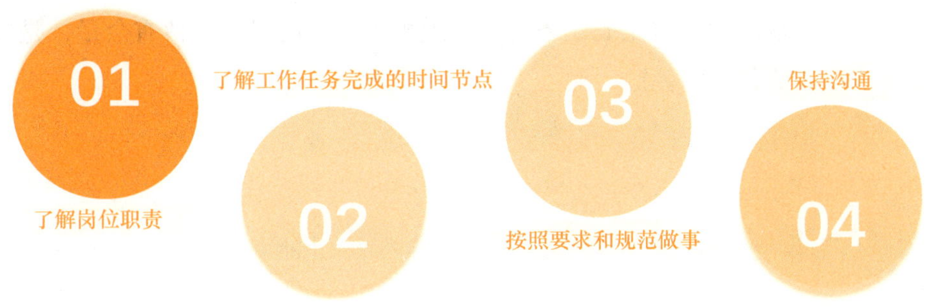

1. 了解岗位职责

首先，我们需要明确自己所在的岗位被赋予了哪些职权，拥有哪些资源，需要承担哪些责任。其次，要有意识地根据岗位工作需要提高自己的业务素质，提升岗位胜任力。最后，我们要从全局出发，认识自己所在的岗位与其他岗位的关系，自觉地安排好工作进度，有效地配合团队其他成员的工作。

只有树立本职意识，做好自己的分内工作，才能避免因工作不到位而给整个团队造成麻烦。

练一练

分析一下：从李刚的表现来看，他是否明白自己的岗位职责呢？你认为李刚承担的这项任务对团队有什么意义？

2. 了解工作任务完成的时间节点

只有在规定时间内完成自己的工作任务，才能说是“胜任”这份工作。了解了完成任务的时限之后，我们要做的便是评估此次任务的工作量，综合考虑自己的其他工作安排，对此次任务做好规划，以确保能够在规定时间内完成任务。有时，我们的惰性可能会让我们不断地拖延完成任务的时间；有时，任务量比我们想象的要大很多；有时，我们在后期遇到了一些突发事情，这些都有可能导致我们不能在规定时间内完成任务。合理地规划自己的时间，留有余量，是按时完成任务的关键。

练一练

分析一下：从李刚的表现来看，他是否明白自己所领任务的时间节点？你认为李刚承担的这项任务应在什么时间完成为好？

3. 按照要求和规范做事

这是经常会被我们忽略的一点。有时候我们觉得已经理解了岗位职责，知道自己要做什么，也按时完成了，但工作结果却仍不理想，这是怎么回事呢？究其原因，就在于我们没有了解并且按照要求和规范去做。比如，大家约定所有的文案都使用统一格式，而我们使用了别的格式却没有加以说明，这样做的后果是我们可能写了一个很好的文案，但却与别人的文案不兼容，这就大大降低了整体的工作效率。因此，我们在完成任务的时候，不能只从自身的角度出发，以为把任务完成就可以了，还要考虑一下自己是否在按照要求和规范做事，是否给其他人造成了不便。

4. 保持沟通

这是与团队成员高效合作的重中之重。在一个完整的合作体系中，往往包含多个参与者。所以，当我们遇到问题的时候，如果其他人不能对此做出迅速反应，就有可能造成一连串的问题，甚至会导致整个任务的失败。

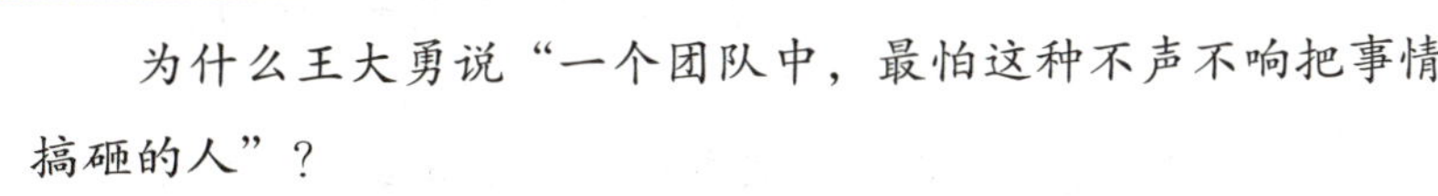

为什么王大勇说“一个团队中，最怕这种不声不响把事情搞砸的人”？

“不声不响把事情搞砸的人”，说的就是李刚这种人。“不声不响”说明他与团队成员缺乏沟通和交流，遇到困难没有向上级汇报，也没有请求团队成员帮助，或者与团队成员一起寻求解决的方法，而是凭一己之力按自己“以为的”方法去做。

“把事情搞砸”说明他要么是没有想到，要么是不在乎，总之完全没有把自己的行动后果与团队的目标完成联系起来。

在合作中保持沟通是非常必要的。比如，我们不清楚某项任务的目的，不明白某一处细节，遇到突发情况无法按时完成任务，不知道对方具体想要怎样的呈现方式，这些都需要及时和团队相关成员进行沟通。对方通过对我们工作进度的了解，可以统筹安排工作，即使我们无法完成任务，对方也还有时间通过别的方式加以弥补。

就像李刚，他承担了邀请主讲嘉宾的任务，这项任务关系到论坛能否成功举办，是非常重要的，但是李刚却没有高度重视，遇到问题时也没有及时向主管汇报反映，或者寻求团队成员的帮助；没有请到主讲嘉宾，使原计划受到极大影响时，他也没有多方沟通，积极寻找补救办法，而是一走了之。在这种情况下，问题虽然出在李刚一个人身上，但因为这是团队合作，团队其他成员的工作不可避免地要受到影响。

工作过程中遇到突发情况怎么办?

身为团队成员，我们一定要按计划完成自己分内的工作。一旦出现突发情况，导致工作无法如期完成时，正确的做法是及时向上级报告自己遇到的困难，请求团队其他成员的帮助，与团队其他成员一起商讨解决办法。

（三）找准团队角色定位

我们要明白自己在团队中扮演的角色，并清晰地理解该角色的边界，以防与团队其他成员的角色“撞车”，造成团队运行秩序的混乱。

小贴士

团队角色的类型

团队角色一般有以下8种。

1. 智多星。善于提出与众不同的观点。

2. 执行者。筹划落地方案：怎样解决这个问题？如何确保落实？

3. 外交家。及时提供资讯支持：“没错，××企业这样做成功过。”

4. 完成者。完成者一般性子较急：“来不及啦！开始干吧！”

5. 协调者。遇到事情会思考：谁来做这件事更合适呢？

6. 监督者。通过泼冷水提醒大家：“我们的条件还不成熟！”“我们的做法有问题！”“这样做可能会遇到障碍……”

7. 凝聚者。善于听取各方意见，能让大家放下分歧，继续前进。

8. 塑造者。一般很有鼓动性：“这是个好方向，让我们一起琢磨一下怎么干吧！”

找准团队角色定位的小诀窍

1. 努力工作，乐于合作。通过多做事，我们就会逐渐明白自己在团队中扮演的角色。团队中的事务不是每一件都需要我们参与并发表意见的，何时保持沉默，何时积极发言，我们应注意观察，慢慢形成清晰的认知。

2. 清晰认知其他团队成员的角色。经常与其他团队成员沟通，认清他们的角色。有对比和参照，会有利于我们认清自己的角色。

赵玉鑫是所在软件公司最优秀的业务员之一，因业绩突出，他被任命为一个分公司的区域经理兼计算机培训分校校长，负责管理 8 名业务员和 5 名培训师。

26 岁的赵玉鑫以前没有管理经验，虽然信心满满，但上任后不到 3 个月他就感觉难以应付局面了。

员工的反馈显示，赵玉鑫试图掌控每个人的销售情况及学校管理的每一个环节，甚至包括学校后勤的柴米油盐、卫生打扫等小事。这使得他所管理的业务员及培训师极为清闲，工作热情低下。

赵玉鑫每天都非常疲惫，不但找不到作为一名团队主管的成就感，还失去了以往做业务员时的单纯与快乐，为此他感到很痛苦。

赵玉鑫曾经是一名很优秀的员工，但在升为管理人员后却遇到了问题。

造成赵玉鑫目前困境的原因是什么呢？

显然，问题出在他对自己的角色认知度不够高。还是一名业务员的时候，他只需要立足业务员的职责和角色，与团队其他成员进行合作就可以了。现在他成了管理人员，在与团队其他成员合作的过程中，由于多了领导和管理的职责，因此就不能停留在原有的角色定位中了。赵玉鑫没有及时转换角色认知，问得太多、管得太细，把下属该干的活给干了，这是典型的层级不分，其后果是下属做事没有动力，他自己也不开心、不自在。

小贴士

在团队合作中，我们要尽力完成好本职工作，也要注意避免层级不分。该上级、下级或同级负责的事我们乱去管，就是层级不分。

议一议

层级不分和热心帮助团队成员，它们之间的区别在哪儿？小组讨论一下，上台发表本组的看法。

（四）练就过硬的执行力

冯经理安排张雯撰写本季度的部门工作总结，要求1周后交稿。

张雯第一次撰写部门工作总结，心里没有底。她先去询问冯经理总结中要突出的重点内容和注意事项；接下来给部门的3位班组长发了一个通知，请他们将本班组工作总结于两日内发给自己；她还找来本部门和外部门近几个季度的工作总结仔细阅读，了解基本格式要求，这样心里就大致有数了。

收到班组工作总结后，张雯发现大家写得都很简略，用这样的材料肯定写不好部门工作总结。怎么办？

张雯将各班组工作总结打印出来，对照部门工作要点，将班组工作总结中相关内容标识出来，然后利用午休时间找到每个班组长，请他们喝茶。通过与班组长的直接交流，她收集到很多生动的事例和具体数据。她据此拟了一份提纲发给冯经理审阅。冯经理看后给予了充分肯定，同时也指出了几个小问题。张雯按照冯经理的意见很快写出初稿，再次发给冯经理，然后根据冯经理的意见，修改完成并做出PPT。这份总结在公司季度工作汇报会上赢得了一致好评，冯经理很高兴，回来表扬了张雯。

张雯还制作了一个材料收集模板，发给各班组长，这样以后班组长们再汇报工作也方便多了。

与李刚不同，本案例中，张雯体现出这样几个特质：

做事有条理。写一份部门工作总结，对于刚入职的张雯来说，是一个比较有挑战性的工作，怎样做好这件事呢？张雯的做法中最突出的一点是她做事思路清晰，该做什么、先做什么都想得很清楚，做得有条理。

善于学习和总结。张雯以前没有写过这种工作总结，但是她善于学习，最终顺利完成了任务。张雯是怎么学习的呢？首先是跟冯经理学习，了解部门工作总结的基本要求；其次是通过翻阅材料，学习已有经验；最后是向实践学习，那些班组长们都有着丰富的实践经验，张雯请他们喝茶，通过跟他们沟通、交流，获得了鲜活的第一手资料。

而她根据自己做这项工作的体会，及时总结可以复制推广的经验或模板，尤其值得称赞。因为每一次总结都是对工作流程的一次梳理和反思，下次再做同类工作的时候，可以清晰地知道最优的顺序和重点是什么。

及时反馈进度。为完成这份部门工作总结，张雯至少与冯经理进行过 3 次沟通：动笔前请示冯经理，定下基调；中间写好提纲，请冯经理审阅，这样既请冯经理审定了提纲，也让冯经理了解了自己的工作进展情况，冯经理心里有了数，也可以放下心来；完成初稿后再发给冯经理审阅，同样既可以让冯经理审定初稿，也让他了解进度。有的人喜欢等全部工作完成后，再呈现一个完整作品给相关负责人。殊不知定期报告工作进展情况，既有助于负责人掌控局面，也便于其及时发现问题，及时做出调整。如果缺少过程的调控，一旦出现问题，可能就会造成时间或其他成本的浪费或损失。

这些就是执行力强的表现。

张雯善于学习和总结，遇事不推诿、不畏难，执行力强，这样的人能够和团队成员高效配合，愉快合作。

课前简析题中，张昊接到的任务是3天内做出一份策划方案，张昊断然拒绝了。他的理由是：3天时间无法完成一份大型活动策划方案，而且，公司不曾在8月做过营销活动，现在提出搞这个活动是一个“馊主意”，所以他不做。其实，作为一名营销人员，他应该知道，任何时间都有可能成为营销的最佳时间，他不应以“时间短”“没做过”为借口逃避任务。

团队不欢迎遇事爱找借口、逃避困难的人。

这样的人执行任务遇到阻碍无法前进时，总会将原因归于外界，比如任务太重、事情太多、时间太紧、条件不行、有人不配合等。完美的执行是不需要任何借口的，我们决不能让逃避困难成为习惯，因为那不仅会阻碍我们自己的成长和发展，更会使我们与团队成员的合作效果大打折扣，甚至给团队和社会带来不可想象的损害。一名优秀的团队成员，遇到困难从不找任何借口，而是努力寻求解决问题的办法，出色地完成任务。

想一想

如果我们在执行任务的过程中，发现给定的时间太紧、有人不配合，怎么应对才叫执行力强呢？

（五）找对学习榜样

作为新成员，要真正融入团队并与大家高效合作，一定要尽快提升自己的工作能力。找对学习榜样，是提升自己工作能力的一个捷径。

王佳怡的学习榜样是宋婷婷。

王佳怡发现宋婷婷是一个做事认真有条理的人，她总能把东西整理得干净整齐。有一次宋婷婷在外面，她打电话让王佳怡到她电脑上查找一个文档。王佳怡按照她的提示，很快找到了那个文档所在的文件夹。王佳怡发现，宋婷婷的电脑桌面极其清爽，所有的文档都按类别被分别放在不同的文件夹里。

王佳怡还发现，宋婷婷的业务素质非常高，她对财务制度的理解和执行是最到位的，就连科长遇到拿不准的问题时也来找宋婷婷商量。宋婷婷做的报表简直就是教科书级别的，既规范又清晰，不会出现数据错误、需要返工的现象。

而且，宋婷婷待人接物还那么平和友善。王佳怡一直都记得，她入职第一天，是宋婷婷帮她巧妙化解了尴尬。平常宋婷婷对刚入职的新人非常耐心，无论她们提出的问题多么幼稚，她都不会笑话她们。如果她们工作出现失误，宋婷婷也会指出，但她既严肃又和善，从不讽刺挖苦人。

王佳怡特别希望自己能够成为宋婷婷这样的人。

我们有了学习榜样，要知道向他们学习什么。

从这个案例中可以看出，宋婷婷之所以能成为王佳怡学习的榜样，是因为她做事认真有条理、业务素质高、待人接物平和友善，而这些也正是王佳怡想从宋婷婷身上学习的。

王佳怡时常以宋婷婷为榜样：做事认真，积极上进，业余时间参加会计师培训，努力提升自己。有趣的是，本来王佳怡与宋婷婷长得并不相像，但一段时间之后，人们却发现她俩越来越像，大家都叫王佳怡“小婷婷”。

说一说

你有自己的学习榜样吗？你在他（她）身上学到了什么？跟小伙伴们说说吧。

（六）树立内部客户意识

肖东发现，阿正师傅有个特点：每天都比别人提前半小时到岗，又比别人晚半小时下班。阿正师傅会利用早到的时间做好准备工作，启动机器进行预热；下班后再给机器做简单保养。

一开始肖东不明白阿正师傅为什么这样做。阿正师傅告诉他：提前开机，可以检查一下机器是否存在异常情况；而下班后的简单保养，是要确保交给下一班同事的是正常运转的机器，这样他们就可以顺畅地工作。

阿正师傅带出来的徒弟都有一个习惯：把工具递给别人时，一定会把手柄朝向对方，这样对方接过来就可以直接用了。

阿正师傅说："服务意识可不是只针对外部客户说的。对待自己的同事也要有服务意识。"

内部客户是相对于外部客户而言的，团队的成员也算是我们的内部客户。我们要学会站在团队其他成员的立场考虑问题，树立高质量服务理念，提高对方满意度。

一般来说，处于低职位的成员要为处于高职位的成员提供便利，后者要及时向前者反馈信息；处于前道流程的成员，要为处于后道流程的成员提供便利，后者要及时向前者反馈信息。比如，软件研发与测试岗位，从设计、开发、测试到运行、维护，环环相扣，只有大家都树立内部客户意识，才能做出一件有影响力的产品。

二、信任并积极影响同伴

（一）真诚与信任：一个也不能少

彼此信任是团队高效合作的基础。当团队其他成员愿意与我们合作时，我们也要敢于信任同伴，从而营造良好的合作氛围。如果心生猜忌，难免会在言行中表露出来，会直接扼杀对方的积极性，没有了积极性，大家何来高效合作的热忱？

1. 相信他是可靠的

马强和李健是技师学院的同学，毕业后两人在市中心租了一间门面房开超市。为了方便营业，他们还雇了两名店员。两人约定，马强负责进货及外联工作，李健负责店内的日常管理，利润两人平分。运营一段时间之后，李健发现超市用来进货的费用非常大，他怀疑马强在进货上做了手脚，于是便暗中调查马强。但是，调查之后他并没有发现什么问题。不过，这件事还是被马强知道了，两个人发生了激烈争吵，马强一怒之下撤资离去，剩下李健一人艰难维持，超市经营出现困难，最终关门。

合作干事业，最忌猜疑。

一旦选择合作，就要坦诚相待，彼此信任。遇到了问题，要加强沟通，客观、理性地分析情况，查找原因，而不能站在自己的立场想当然。李健怀疑马强进货时做了手脚，甚至还暗中调查进货渠道，无疑是在马强的自尊心上插了一把刀，必然会引发对方的反感和抵制，从而产生嫌隙。

我们在与团队成员合作时，要以开放的心态面对对方。不要凭对方的外表和自己的主观印象给人定性，也不要因为对方的性格、兴趣爱好、价值观等跟我们不一致，或彼此有文化差异而怀疑对方的人格品德；不要因为某些事情未让我们满意而恶意揣测对方的意图；保持理智，不要轻信他人挑唆。

当然，信任不是盲从，也不等于不要自我保护，而是说我们在与团队成员合作时，要抛开偏见和成见，避免先入为主，以开阔的胸襟与其合作。

小贴士

你怎样对待别人，别人便怎样对待你

如果你给予别人的不是100%，那么，即使你得到100%，也可能会怀疑自己得到的不是100%。

反过来说，如果你觉得自己没有获得充分的信任，那么应该反思是不是自己没有给予对方充分的信任，而非抱怨。

2. 相信他是可以胜任的

在合作时，我们不仅要相信同伴的个人品质，也要相信他的专业能力，相信他能胜任某项工作。

既然团队让他在某个岗位任职，相信他一定会尽到职责；既然让他主持或参与某个项目，相信他一定有足够的能力应对。

不要因为同伴某一件事做得不够圆满而怀疑他的能力，因为工作有时是复杂的，情况又是多变的，个人的状态也是有起有伏的。即使他在工作上出现了某些非原则性的失误也要包容，毕竟“金无足赤，人无完人”，我们不能要求一个人没有一点儿缺点和错误。

有建议、有想法，应当尽量当面诚恳交流，切忌在背后说三道四。同时，能力有时并不是第一位的，积极的态度可以弥补能力的不足。有的人常常觉得自己是最尽心的，却未必能够感受到他人的投入。正如我们所做的我们的同伴未必能看到，我们同伴所做的许多工作也时常会被我们忽视。

我们要相信同伴，让他获得激励，增强克服困难、创造性开展合作的力量。

小贴士

如何表达对同伴的信任？

一起合作时，我们恰如其分地表达对同伴的信任，能使同伴受到激励，增进友谊、提升团队凝聚力。

1. 与他交流合作中自己遇到的事情。如果我们不信任同伴，不让他了解我们这边正在发生的一切，他容易觉得我们并没有真正把他当作合作伙伴。

2. 在同伴需要我们的支持时，全力以赴。

3. 真诚地赞赏同伴为大家的合作所做的一切，由衷地欣赏他所取得的成就，开怀地庆祝大家共同取得的成功。

4. 如有必要，以同伴能够接受的方式给他提出弥补缺点和改进工作的建议。

（二）传播正能量给同伴

1. 合作中远离负面情绪

小贴士

和团队成员合作时的“三要”

1. 有话要当面说，不背后议论。不要在讨论时保留自己的观点和想法，过后再说“我认为你们这主意从头到尾就是错的”之类的话。

2. 不同意就要明确说“不”，沉默或模棱两可只会耽误事情。

3. 遇到问题甚至矛盾时，要尽可能直接与对方坦率沟通，尽量达成一致意见，不要动不动就去找上级。

肖东在青工技能大赛中意外落败，没有拿到冠军，就听到了很多风言风语。有人对阿正师傅说：“你一向看人很准，这次怎么看走了眼？”有人甚至直接跟肖东说：“你怎么配做阿正师傅的徒弟呢？”

虽然肖东是一个意志坚定、豁达开朗的人，平常不会太在意别人说的一些不好听的话，但这次比赛失利本来让他压力就很大，再听到这些讽刺挖苦的话，他感到实在受不了。他对自己的能力产生了怀疑，甚至觉得没脸见人，产生了要调换岗位的想法。

团队中有的成员喜欢用消极的眼光看待问题。他们有太多不满，经常沉浸在对别人的指责和抱怨中。

这样的人会令同伴也陷入负面情绪中。最可怕的是，这种负面情绪会传染，容易导致整个团队人心涣散，丧失战斗力。

就连意志坚定、豁达开朗的肖东，都受到这些负面言论和情绪的影响，可见其杀伤力有多大。

我们要做的就是远离负能量。工作中遇到问题，可以跟大家商讨，但不要过多发泄负面情绪，如不停地发牢骚等。

己所不欲，勿施于人。有时候，己之所欲，也勿施于人。即使我们的想法很好，也不要强加给同伴。我们应该用建议代替批评指责，用赞美代替奉承讨好，遇到问题的时候多站在对方的角度上想想，这样，我们就会更好地理解自己的同伴。

小贴士

团队中最忌讳的负能量

1. 抱怨。团队中最易传播、最具杀伤力的负能量。

2. 消极。消极懈怠，患得患失，对团队发展缺乏信心。

3. 浮躁。急于成功，却做事不踏实，容易让团队出现冒进行为。

4. 冷漠。合作中不配合，甚至有意给同伴设置障碍，导致团队成员之间关系恶化，极大地影响团队绩效。

5. 傲慢或自卑。傲慢或自卑都不利于团队合作。

6. 妒忌。不能正确认识工作中的竞争，对别人取得的成绩心怀妒忌，禁锢自身发展。

练一练

对照前面所讲的与团队成员高效合作的方法和注意事项，你觉得自己哪些方面做得不错，哪些方面需要改进，你的同伴在哪些方面值得你学习，把它们写下来（分别写出 3 条）。

小贴士

团队合作中最忌用语

1. 简单草率地拒绝。常见句式：“我不知道。”“我不会。”“我不行。”“我没学过。”“我没做过。”“我没经验。”为上级提供信息、完成上级交代的任务，是我们的职责。如果确实不知道、不了解上级希望得到的信息，可以说：“对不起。这个问题我不了解。我马上去调查，尽快向您汇报。”然后努力搜集信息，再次向上级汇报。如果确实没有把握做好上级交办的工作，也应先弄清楚上级的目的和要求，然后向经验丰富的同伴请教。如果还是无法完成，就如实向上级汇报自己已经做到哪一步，困难在哪里，看上级怎么安排。

2. 事不关己地敷衍。常见句式："您是上级，您说行就行。"其实，上级征求我们的意见，并不是让我们来做决定，只是希望从我们这里得到些新信息，以便做出最后的决定。所以，对于上级的咨询，我们要认真对待，提出力所能及的意见或建议。

3. 不假思索地质疑。常见句式："为什么？"当上级发布指示或者交代任务时，最好少问为什么。我们应该弄清楚的是任务的具体内容和要求，保质保量地完成任务。至于原因，很多情况下可以根据自己对上级和团队的了解去分析。如果觉得不知其所以然会影响工作，我们可以根据自己掌握的情况提出一些看法，试着与上级继续交流。

4. 简单冒失地反问。常见句式："是吗？""真的吗？""不会吧？""不至于吧？"如果觉得上级的某些言论或者介绍的某种情况不可思议，可以换一种方式提出来。比如，可以用"您是说……（重复上级谈话的主要内容），我觉得……"的句式提出自己的看法。

5. 为推卸责任而进行的辩解。常见句式："请听我解释原因。"工作中出现失误时，不要急于说明失误的原因或理由，因为那会给人留下推卸责任的印象。上级最希望听到的是我们准备怎样把损失降到最低。

所以，首先应该尽量把工作做好，避免失误；如果出现问题，应尽力挽回损失，同时勇于承担自己的责任，这才是应有的工作态度。

2. 乐于分享

做策划是靠创意吃饭的。经理经常会召集大家一起开会，谁有好的点子就拿出来讨论，很多好的创意都是在这种讨论中迸发出来的。

每次讨论，王亮都很少发言，即使偶尔提出一个点子，也都是别人以前提过的，毫无新意。

一次王亮喝多了，有人问他这个问题，他酒后吐真言："咱们靠创意吃饭，我把好点子拿出来，万一别人抄袭了怎么办？现在多好，我的东西不往外拿，别人拿出来的东西我还能用，里外都是赚。”

这些话传到了经理耳中，经理说：“一个人闭门造车，能想出多好的点子呢？抱着这样自私的想法，不肯与大家交流，我说他的业绩怎么一直不好呢。”

正如经理所说，王亮的业绩一直处于下游，别人一段时间后都有了快速进步，只有他一直在原地踏步。

王亮觉得自己很聪明，可他不会想到，没有思想的碰撞，哪有好的创意？他的点子没有经过同事们的共同打磨，能好到哪儿去呢？“聪明”的王亮一直业绩不佳，反而是那些看似不懂得保密的同伴们一个个快速取得进步。王亮自己觉得比谁都聪明，心里一直打着小算盘，结果算来算去，吃亏的还是自己。

只有懂得分享，才会让团队合作的氛围活跃、融洽起来，团队每位成员才能从中取得最大的进步。

课后练习

1. 想要与团队成员高效合作，我们需要做哪些工作？结合本课所学，做出一个思维导图。

2. 拓展训练。

小游戏：以小组为单位，一组一组地进行。通过不同角色的体验，使团队成员认识到团队合作中他助与自助同等重要，感受信任与被信任、关爱与被关爱带来的幸福与欢乐。

（1）全组分角色扮演。一半人扮演盲人，另一半人扮演帮助盲人的拐棍，由拐棍帮助盲人完成室外有障碍的前行。在活动过程中，不准说话和嬉笑，拍左肩代表上台阶，拍右肩代表下台阶；拍左臂代表上坡，拍右臂代表下坡。这一轮完成后，交换角色进行体验。

（2）交流讨论。你扮演了两个不同角色，分别有哪些感受？扮演拐棍时，你如何让盲人愿意充分相信你？扮演盲人时，你是否充分信任自己的拐棍？你认为同伴之间建立信任的困难在哪里？未来我们不可避免地要面对未知的工作领域。通过这一活动，你获得了哪些启示？

第四课　组建自己的小团队

学习目标

1. 掌握组建团队所需要的相关知识，对组建团队的关键要素有充分的认识。
2. 能够有意识地培养自己组建小团队的能力。

翻转课堂

本课导读

组建自己的小团队

- 设定小团队的原则与目标
  - 小团队的组队原则
  - 小团队目标的制定原则
- 确立小团队的工作规则
- 明确分工，保障执行
  - 选择合适的人做合适的事
  - 让每个人都明确岗位职责范围
  - 任务下达合理
  - 以身作则执行

一、思考

当我们需要临时组建一个小团队攻克难题时，你认为在组建过程中应该把握哪几个重点？

二、简析

肖东毕业后进入东岳公司工作，作为阿正师傅的徒弟，他在各方面都迅速成长起来。

不久前，公司接到了一笔来自欧洲的大订单。为了确保产品在量产前的质量过关，部门经理让肖东担任组长，成立试产小组。肖东选了协同精神好、工作认真勤奋、经验丰富的林永乐、王有豪、孙国正等人作为小组成员，明确了分工，并在征求大家意见后，确立了每周例会制度，要求每个人在例会上汇报自己的工作进度和遇到的问题。

肖东自己以身作则，每天都加班加点忘我工作。大家有什么心得经验都会及时分享；遇到问题，要么通过临时短会商讨解决，要么集中到例会上一起研究。他们还请阿正师傅担任顾问，大家群策群力、攻克难关。在肖东的带领下，产品的性能达到了客户要求，团队最终为工厂完成目标订单、打开海外市场提供了有力的技术支持。

肖东是通过哪几个关键措施将小组组建并运转起来的？你认为在创建团队的过程中需要注意什么？

当我们适应并融入团队，与团队一起成长起来时，我们可能会面临新的挑战：组建一个自己的小团队去完成各种任务。对此，我们不但要做好思想准备，而且要做好方法层面上的准备。

在组建小团队的过程中，要注意把握住原则与目标、工作规则、分工这 3 个关键要素。

一、设定小团队的原则与目标

肖东组建的这个技术突击小组，从成立之日起就被组织赋予了明确目标：在规定时间内成功试产，确保出口产品按时进入量产阶段。

作为小组负责人，肖东迅速进入角色，从各个部门抽调合适的人员成立了临时小组，并带领临时小组展开可行性论证。通过充分讨论，肖东发现，要想在规定时间内完成打样任务，突击小组需要邀请阿正师傅担任技术顾问。同时，还需要采购、质检部门的协同配合，提高本次试产任务在这两个部门工作中的优先级，并指定一名资深员工参与试产工作。

肖东第一时间向部门经理反馈了突击小组所需的支持，并提交了细化到天的工作安排和检查计划。部门经理立即向分管总经理提出申请，确定了采购、质检部门的支援人员，并专门将阿正师傅从其他项目组中抽调出来。这一切，都为肖东小组保质保量完成任务奠定了坚实基础。

案例中肖东组建的这种小团队，一般都具备目的性强、灵活性高的特点。

不管团队人数多少，是否临时组建，都不能没有目标。我们在组建小团队时，首要的工作就是确保小团队有明确的目标，并配备足够的资源和翔实的计划以确保目标的达成。

（一）小团队的组队原则

选择什么样的人来组成小团队呢？要选择最合适的人加入。

团队成员在精不在多，尤其是为了完成某项特定任务而临时组成的小团队。肖东组建的团队只有 5 个人。某公司有两款高人气产品，在公司营业收入排行榜中名列前茅，这两款产品都是由仅有五六名成员的小团队在不到 6 个月的时间内开发完成的。

小团队的工作效率普遍更高。人员冗杂意味着需要更多资源去完成协调与管理工作。当团队规模扩大到一定程度时，庞大的人员数量就有可能会成为劣势。

究竟多少人才能组建最为高效的小团队，这一数字并不固定。一般而言，高效的小团队最多拥有 6~7 名成员。

确定好人数，还要考虑成员的个性特质。正如小团队的人数不是越多越好一样，小团队中的成员也并非一种类型就好。

说一说

团队如果全部选择一种类型的成员，会不会更快完成任务？

业务能力强当然是一项重要指标，但团队合作意识与责任心也是必须考虑的。态度不认真的人、没有合作精神的人会让整个团队无法形成积极氛围，进而无法实现团队目标。

（二）小团队目标的制定原则

1. 小团队目标服从整体总目标

制定小团队目标时，我们必须准确理解所在单位的总体战略目标，然后根据组建小团队的具体情境，精准定位小团队的工作目标。

就像肖东，当他被任命为组长时，就必须跳出自己原先技术骨干的角色，从公司整体战略发展的角度来看待试产小组的问题，并让自己和小组成员明确：本团队的工作目标是站在公司开拓全球市场的战略高度，顺利完成出口欧洲产品的试产任务，进而促进公司业绩的增长。

2. 小团队目标必须有工作重点

在明确工作目标的基础上，我们要进一步明确工作重点。肖东就是这么做的。他带领试产小组经过充分研讨后确定：本次任务的重中之重是在规定时间内生产出符合客户要求和量产标准的样品。

3. 小团队目标要可实现

目标的可实现性在于其能被分解成具体的计划。很多团队在制定目标时往往过于笼统，导致后续的计划无法执行。肖东团队在这方面做得很好。他们将目标细化，打样工作中的技术参数调试、生产以及质量检查都是以天为单位进行的。第一周为参数调整阶段，第二周为试生产阶段，第三周为整体评估和调整阶段。他们在计划中明确了人员分工和任务完成期限，并预留了充足的调整时间，这体现了目标的可执行性与可检测性。最终，他们如期完成了任务。

小贴士

目标管理中的“SMART”原则

1. S（specific），表示目标必须是明确的、具体的。

2. M（measurable），表示目标必须是可度量的。也就是说，绩效指标是可以通过具体数据或者信息验证的。

3. A（attainable），表示目标必须是可实现的。避免设立过高或过低的目标。

4. R（relevant），表示目标必须和其他目标具有相关性。

5. T（time-bound），表示目标的完成必须有明确的时间限制（截止日期）。

肖东深知以上原则的重要性。他清楚地知道，为小组制定出具体、可实现、可监控的目标，对公司后续的产品量产至关重要。目标确定后，他立即选调了本部门的精兵强将，因为他明白，已经没有时间去培养新手了。在小组讨论中，他敏锐地发现，团队成员在产品参数把握和质量标准确认方面仍存在差距。于是，他第一时间向部门经理请求了资深人员的支援。同时，由于整个计划的制定是团队全体成员参与研讨的结果，所以在执行时，团队成员更有主人翁意识和责任感。当然，这次任务目标具有挑战性，这也极大地激发了每个成员的斗志，大家都摩拳擦掌，准备一展身手。最终，这个老中青结合的团队成功地实现了目标。

二、确立小团队的工作规则

刘强是体育学院的毕业生，毕业后进入一家大型健身俱乐部工作。在销售、客服、教练等各岗位轮岗后，刘强的能力得到了大家的认可。一天，老板叫来刘强，希望他能作为主要负责人带领团队新开一家俱乐部。刘强很快找来了王旭和张翔，组建了3个人的小团队，开始新店的筹备。他们约定：新店的事情由3个人共同商量解决，当出现不同意见时，刘强有最终决定权。

为了确保俱乐部的正常运营，他们决定招聘2名宣传人员，负责日常推广宣传工作；招聘1名前台人员，负责来宾接待。他们还参考总部工作手册，制定了自己的工作流程：宣传人员招揽学员后，前台人员接待学员并安排学员跟着教练试课，随后教练协助学员完成费用交纳。

新店开业之初，王旭和张翔暂时作为初级教练员，带零基础的学员；刘强作为高级教练员，带有基础的或水平较高的学员。

3个人还参考总店的规定，共同制定了分店的收费标准、员工守则、员工工资标准，以及保障分店正常运行的一系列规章制度。

小团队中的工作规则主要包括团队的工作流程、团队的决策规则、团队成员的行为准则等。

刘强、王旭和张翔很注意设定他们这个小团队的工作规则。

团队的工作流程包括工作环节、步骤、程序等。刘强、王旭和张翔设定的新店工作流程是什么样的呢？他们让宣传人员负责招揽学员，让前台人员接待学员并安排学员跟着教练试课，让教练对学员进行训练并协助学员完成费用交纳。

团队的决策规则，即团队在决策时遵循的程序和方法。为防止在出现需要决策的问题时引起不必要的争执，团队的决策规则在团队建立的初期就应该确定。刘强、王旭和张翔设定的决策规则就是“新店的事情由3个人共同商量解决，当出现不同意见时，刘强有最终决定权”。

团队成员的行为准则是团队成员工作时必须遵守的规范。不以规矩，不能成方圆。没有准则的约束，团队的成员容易各行其是，乱成一团。在该案例中，团队成员的行为准则就是“员工守则、员工工资标准，以及保障分店正常运行的一系列规章制度”。规章制度是为了能够帮助团队成员更好地工作，而不应该成为团队成员的一种负担。

小贴士

团队决策规则

1. 全体一致规则，也称为一票否决制，即一个成员的选择对集体的决策有着决定性的影响。如果团队成员较多，实行这一决策规则较难。

2. 多数裁定规则，即少数服从多数的原则。具体表现：团队以集体表决的方式进行决策，得票最多的决策方案即为最终的决策方案。

议一议

对于团队中不遵守团队工作规则的成员，你能想到多少种处理方法呢？一起讨论一下。

三、明确分工，保障执行

在明确了团队目标，以及设定了相关的工作规则之后，接下来要做的就是要明确团队每一位成员的分工，保证将最合适的人安排在最合适的位置上，将各项工作落到实处，从而保证团队目标的完成。

（一）选择合适的人做合适的事

刘强、王旭和张翔配合默契、经营有方，学员人数不断增加，这让他们看到了健身市场的广阔前景。于是，他们向总部汇报，希望再开一家新店，并得到了总部的同意。经过周密考察后，他们选定了一处新店的场地。因为新店离老店较远，所以，必须派1名负责人。刘强是老店的负责人，王旭和张翔都提出想去新店担任负责人。王旭的性格较为内向，教学能力强，比较实干，但是他的交际能力比较薄弱。相对而言，张翔思路活，性格外向，适合与人交际，能非常快地与人打成一片，而且善于处理各种矛盾。经过对两人的分析，刘强最终决定，让张翔担任新店的负责人，王旭则负责选聘教练并定期对两个店的新聘教练进行培训。经过一段时间之后，新店被张翔打理得井井有条，王旭也展现出了他过硬的教学能力，其培训过的教练员得到了学员的一致好评。

每个人的能力都有差异，术业有专攻。如何使一群平凡的人在一起成就不平凡的事业？那就应该人尽其才。分工时要善于发掘每位成员的长处，扬其长避其短。合理地分配团队成员的角色对团队组建者而言是至关重要的。在案例中，刘强充分分析了王旭和张翔的性格特点，认为王旭内向实干，也有较强的责任感，适合教练培训这项工作，而新店的负责人必须能够协调各方关系，显然张翔比王旭更合适。

让每位团队成员在合适的位置上发挥自己的优势，关键在于找到每个人适合的角色。在一个团队中有哪些角色呢？

角色名称	优势	特征描述
塑造者	善于发现各种可行方案，帮助团队成员明确任务和目标，推动团队完成既定任务	思维敏捷，性格开朗，善于主动出击。随时准备向传统发起挑战
完成者	强调任务节点，营造目标紧迫感，能持续激励团队成员完成任务	勤奋，认真，有秩序感和紧迫感，有完美主义倾向

续表

角色名称	优势	特征描述
智多星	善于提意见，对已形成的方案提出新看法	思想深刻，才华横溢，知识面广，富有想象力
外交家	善于引入外部信息，广泛接触与团队业务相关的外部资源	外向，热情，好奇心强，消息灵通，拥有广泛的人脉，不断探索新事物，迎接新挑战
协调者	方向明确，能很好地协调团队成员关系，汇总团队成员感受和建议	沉着，自信，有掌控局面的能力，能够客观看待并接受不同价值观
凝聚者	善于给予他人支持，打破讨论中的沉默，积极采取行动化解团队中的分歧，营造良好氛围	擅长人际交往，性格温和，敏感细腻，判断力强，注重实际
执行者	善于将想法转化为具体行动步骤，充分考虑各种因素，确保计划有序执行	务实保守，遵守规定，工作勤奋，自我约束能力强
监督者	善于分析问题、梳理繁杂的信息，对模糊不清的问题做出评判	清醒理智，行事谨慎，具有较强的判断力和分辨力

熟知团队需要扮演哪些角色的成员，有利于我们选择合适的成员加入，也有利于我们将每位成员分配到适合他的位置上去。在选择成员或分配任务之前，多花点儿时间和精力看看他们更贴近哪种或哪几种角色的特征，然后再做判断。这时要多些耐心和客观视角，不要武断，以免每个人的真实才能得不到发挥。

想一想

刚才介绍的各种角色，在小团队中都是必需的吗？为什么？

议一议

全班分成几组，结合团队角色的特征描述和本组同学的性格特征，谈谈本组同学在团队中能够胜任哪种或哪几种角色。看看在别人和自己的眼中，自己适合的角色有什么不一样？

（二）让每个人都明确岗位职责范围

刘强、张翔和王旭在新店开业后，有了明确分工：刘强主管老店，张翔主管新店，王旭负责两个店的教练培训。3个人不再直接接触训练任务，王旭将教练组分为初级、中级、高级三个层级，不同层级的教练带领不同水平的学员进行训练。当学员完成初级班的训练任务后，由王旭负责把关，合格的进入中级班，不合格的继续在初级班训练。几个月后，王旭发现新店的中级教练在教授学员高级班的内容，而他教授的这名学员正是王旭认为不适合升入高级班的学员。王旭询问原因后得知，原来是中级班的教练觉得学员水平较高，所以私自教给他高级班的内容。

作为小团队的组建者，我们必须让每个团队成员，包括我们自己，明确岗位职责，知道要干什么、能干什么和不能干什么。很多人知道自己能干什么，但不一定都清楚哪些事不能做，做了就会造成岗位错位，容易造成团队的运转混乱。

一般来说，岗位错位主要包括向下错位、向上错位和横向错位。

向下错位是指上一层级的团队成员做了本该由下一层级团队成员做的工作。若是出现向下错位，则会导致上一层级团队成员管理视野变窄、管理范围扩大、工作效率降低等问题。

向上错位是指下一层级的团队成员做了本该由上一层级团队成员做的事，如因不满意上一级团队成员的决定，私自更改团队决策、流程。这样的向上错位，危害更大，会导致团队决策无法执行、团队业务方向偏离等严重问题。

横向错位是指某个层级的团队成员做了本该由同级其他成员做的工作。若是出现横向错位，同一层级团队成员会出现工作重复、相互推诿、扯皮等问题。

新店的这位教练的行为是典型的向上错位。学员还没有通过王旭的考核，未获得进入高级班的资格，教练就擅自教授这位学员高级班的内容，他替王旭做了决策，做了王旭需要做的事情，这就是向上错位。如果所有的教练都像这位中级班教练一样，大家都各行其是，新店的学员训练工作肯定会乱成一团。

那么，这位中级班教练应该怎么做才不错位呢？王旭有权决定学员是否适合进入高级班，当王旭认为学员不适合进入高级班时，该中级班教练就应该继续教授该学员中级班的内容，或者对内容进行巩固，而不应该私自教授该学员高级班内容。如果该教练觉得王旭的决定有待商榷，可以主动去找王旭，有理有据地陈述一下自己的观点，请王旭再考虑一下。

小贴士

为了避免岗位错位，做事前可以问自己以下 3 个问题：

1. 在这件事情上，我的职责是什么？
2. 有哪些工作是我应该认真做好的？
3. 有哪些工作是应该由其他人做的？

议一议

王旭自己是否存在失误？是在工作流程设计、工作内容培训，还是工作方式方法方面？他下一步应该采取哪些措施来尽量避免这种情况再次发生？如果你是小团队创建者，你会采取哪些措施让大家都明确自身岗位职责范围，从而尽可能减少岗位错位现象？分小组讨论，并上台发表本组的方法。

（三）任务下达合理

张翔喜欢尽快做完一件事。新店开张后，他很快招聘到了 3 名宣传人员，负责新店的宣传和招生。他把 3 名宣传人员叫到跟前，风风火火地说："咱们的新店开业了，我们现在急需对新店进行宣传，拉来生源是最重要的。现在，请你们 3 位最近每人每天发放 3 500 份以上的宣传单，每人招来 150 名以上的学员。谁先做到我们有奖励！"随后转身要去张罗其他事。3 名宣传人员一脸迷茫，赶紧问道："张经理，您说的'最近'是几天？"张翔匆忙回答："3 天吧。"

3 名宣传人员拿着宣传单出去发放。两天过去，他们发现即使再努力，每人每天也只能发放大约 700 张传单，招来 30 名左右的生源，张翔布置的任务根本完不成。于是，他们找到张翔，告知他实际的宣传情况。张翔正忙着其他急事，听后急忙说："那就再给大家加

10天。”宣传人员刚缓了口气，张翔忙完急事后，又好好想了想，征求了一下刘强和王旭的意见后，跟宣传人员说：“别加10天了，还是加5天吧，现在竞争激烈，我们得迅速一点儿。”

任务下达合理是小团队组建者的必备技能。如果下达的任务不合理，超出了团队成员的能力范围，最终只能导致任务无法按时完成，团队成员的积极性不高。

张翔下达的任务，符合SMART原则吗？宣传人员按照要求去宣传时，发现每人每天最多发放700份宣传单，发放3 500份宣传单的任务是不可实现的。

一开始，张翔要求3天完成任务，后来改为10天，最后又改为5天。这个任务虽然有时间限制，但频繁更改已经显示出任务下达者的随意性，很容易引发执行者的抵触情绪和不信任感。

其实，张翔在下达宣传任务前，有很多数据可以参考，如总部宣传数据、总店宣传数据，以及本区域内其他同类产品宣传数据。

小团队组建者在下达任务前，应该多花一点时间研究数据并充分论证。任务一旦下达，就轻易不要更改。如果现实情况变化较大，确实需要更改，也要在确认执行者的技能、态度等细节后，进行适当调整。

小贴士

下达任务时要注意的事项

1. 任务安排要合理，任务传达要完整。根据任务量给予团队成员适当的时间完成。传达任务时可以简要交代任务背景，让团队成员对自己所要完成的任务有较全面的了解。另外，告知其任务的目标、要求、时间、可用资源，使团队成员掌握这些关键要素。

2. 激发团队成员完成任务的主动性。团队成员只有主动地想去完成任务，创造力才能迸发出来，才能高质量地完成任务。可以通过友善的态度、阐述任务的重要性、允许团队成员提问等方式，调动团队成员的主动性。

议一议

即使小团队的组建者再谨慎，也难免有任务下达不合理的时候。如果你是小团队的成员，当发现任务下达不合理时，你该怎么做才能让大家的合作更愉快也更高效呢？你能想到多少种办法呢？小组讨论一下，并发表各组的想法。

（四）以身作则执行

刘强、王旭、张翔因连续为总店开设了两家新店，并且3个人合作高效，业绩突出，受到了大家的赞赏。

新店取得良好的业绩不是没有原因的。

新店开张后设定的一系列规章制度，刘强、王旭、张翔都带头遵守。比如，店里规定早上10:00上班，晚上10:00下班。刘强他们早上9:00就到了，员工陆续到店后，他们元气满满地和每个人打招呼。晚上也是，大家都走后，他们3个人才走。再如，店里要求每位学员办卡时，都要填写一份健康问答卡，以便让学员知晓不适合健身的疾病，以及健身可能对身体产生的影响。为了使员工能严格执行这一规定，刘强、王旭、张翔专门做过多次现场示范。因为3个人严格遵守规章制度，其他员工也潜移默化地受到影响，认真遵守规章制度。

员工们还知道，工作上若有解决不了的困难求助他们，就准能找到办法。随着新店的学员越来越多，员工们遇到的问题越来越棘手。

有一次，一位学员在健身时突然晕倒，刚来的员工有点儿慌神，迅速向刘强报告。刘强立即对学员采取急救措施，并让人及时拨打急救电话，救护车很快就把这位学员送到了医院。事后，刘强专门带人看望了这位学员。刘强还跟王旭、张翔商量，新店需要再增加 1 名急救人员，并对所有店员进行急救培训。

当然，3 个人也有出错的时候。张翔担任新店主要负责人后，在学员数量大增的那段时期犯过急躁的毛病。在新聘的两位教练还没接受培训的情况下，他自作主张让这两位教练先带学员，以缓解其他教练的压力。结果，没过多久，学员们过来抱怨新来的两位教练各方面都和其他教练差距较大，上课体验很不好，有些学员还要求退卡。面对这一挑战，张翔找来刘强和王旭商讨应对措施，他深刻地检讨了自己的错误，请王旭加紧对新聘的两位教练进行培训，向反映问题的学员郑重地道歉，并进一步优化了教练的培训流程。随着教练水平的改善和提高，学员的好评也随之而来。

我们要想组建一支执行能力强的团队，自己首先要以身作则，带头执行。

在平时的工作中，我们要起到模范带头作用，认真贯彻执行规章制度，给团队成员一个良好的示范。刘强、王旭、张翔带头遵守新店的规章制度，提前到岗，最后下班，给其他店员做出了表率，有利于其他店员遵守规章制度。

在关键时候，我们要有担当。我们要能在关键时刻走在团队成员的前面，妥善、果断地解决团队遇到的问题。在紧急或重要事情上的处理能力，显示出一个人的担当精神。刘强他们就具备这种精神。员工们有解决不了的问题，找他们 3 个人便能解决。刘强妥善处理晕倒学员的事件，事后还对员工进行了培训，都显示出了他的担当精神。

在出现问题时，我们要严于律己，首先反思自己的不足。在案例中，由于学员的数量大幅增加，张翔在未经王旭同意的情况下，直接让两位新聘教练上课，结果导致了学员的不满。张翔发现问题后没有推脱责任，而是做了自我检讨，并向学员道歉，及时挽回了损失。我们作为团队的管理者，若团队的工作成绩不理想，不要也不能抱怨他人，应该先严格地检讨自己的管理方式是不是存在问题。一个喜欢遇事就抱怨他人、推卸自身责任的管理者，是得不到团队成员认可的。

小贴士

为何要以身作则?

“其身正，不令而行；其身不正，虽令不从。”当严格要求自己对提倡的事率先做到时，我们可以增强自身信用度。团队中的其他成员也会效仿和信服，从而跟着行动起来。反之，我们如果对自身要求不严格，只是严格要求其他成员，那纵使三令五申，大家也是口服心不服，难免懈怠。

课后练习

1. 如果有一天你临危受命，需要组建一个小团队完成一项重要任务，你在组建时会首先注意哪些关键要素和环节？请结合本课所学，试着画出思维导图。

2. 根据自己的特长，本周内组建一个属于你自己的小团队。如读书小组、轮滑小组、书法社、户外团等。将你的组建计划和成果与同学们分享一下吧。

3. 拓展训练

（1）回忆一下自己所在的小组在完成之前课上讨论任务或是课后拍摄小视频任务时是如何设目标、做计划、明分工、讲规则的？如果觉得本小组各方面做得比较到位，请自行拍摄 1 个小视频（10 分钟以内），将本小组在设置目标、计划或明确分工和规则时的场景表演出来。如果觉得做的还有进步空间，可以在小视频中表演出本小组在设置目标、计划或明确分工和规则时的实际场景和理想场景。

（2）将本小组拍成的小视频在班级 QQ 群里展示，大家观看视频后，找出自己小组在目标、计划、分工、规则设置方面的优势和不足，并派代表在下次课上分享。

第五课 管理好自己的小团队

学习目标

1. 了解并掌握管理小团队的方法和技巧，并在此基础上有所增补和发挥。
2. 能将学到的方法和技巧运用到实践中，并能根据实际情况进行调整。

翻转课堂

本课导读

管理好自己的小团队

- 有效管理我们的小团队
  - 懂得授权
  - 有效批评
  - 激励团队成员
  - 定期监督并给予指导和帮助
- 妥善处理团队冲突
  - 正确认识团队冲突
  - 处理团队冲突的策略
  - 处理团队冲突的原则

一、思考

1. 在小团队的运行过程中，难免会出现成员犯错的情况。当成员犯错时，我们应该怎么做？

2. 团队成员因为无法攻克难关而屡屡受挫，士气低下，我们又该如何鼓舞士气？

二、简析

1. 张强是一名负责动漫开发的老工程师。最近，公司让他作为负责人，从部门的年轻人中挑选几个组成一个创作团队。团队建成后，张强首先给团队成员分配了任务。张强总是感觉年轻人工作不认真，而且自己资历老，应该给他们更多的指导和建议，便频繁检查他们的工作进度和工作质量，遇到他认为不合理的地方他也不给年轻人面子，直截了当地指出来，常常使团队成员下不来台。最让团队里年轻人无法忍受的是，他们所有的创作都必须遵照张强的思路。当团队的年轻人指出他的工作方法落后时，他却满不在乎地说："这行我都干了10多年了，一直都是这么干的。你们愿意干就干，不愿意干可以退出。"结果，几个年轻人相继退出了团队。

无奈，公司只能将这项工作交给了王平。王平同样选了几个年轻人组成了创作团队，在工作中，他主要负责给年轻人加油鼓劲儿，解决他们遇到的困难，在适当的时候给予帮助。当团队出现不同意见时，王平会立刻组织大家讨论，选出最佳的方案。最终，王平的团队提前完成了任务。

同样的工作任务，张强的团队解散了，王平的团队却能够提前完成任务。两人管理团队的方式方法给了你什么启发？思考一下，在管理小团队时我们应该注意什么？

2. 有一次，小李在出色地完成了团队任务后，本以为主管会对自己进行表扬，可是主管却说："小李，你的工作方法是不是还有待改进？虽然按时完成了任务，但你的工作进度还是比其他人稍慢。"小李听后真是怒火中烧。主管也感到不理解，他明明是想鼓励小李继续努力工作，可为什么小李脸色不怎么好呢？

（1）小李为什么会愤怒呢？

（2）这位主管的问题在哪里？你觉得他应如何表述才能起到既鼓励又指导小李的作用？

3. 最近，朱华和大刘两人在某一程序设计的思路上出现分歧。朱华建议重新进行页面和功能设计，大刘则要求召集所有项目成员进行讨论。他们都是出色的程序员，就此问题他们已经交换了意见，但双方都坚持认为自己有道理。作为团队负责人，你认为在你们团队内部需要这样的冲突吗？如果两人争论不出结果，你会怎样处理这个冲突？

当我们把握住了目标与原则、规则、分工3个关键要素，小团队基本上就可以组建并运转起来了。只是组建起小团队还远远不够，我们还要有打造高效团队的意识。只有小团队高效运转起来，才能保质保量地完成团队的目标。接下来，让我们一起来学习如何才能让我们的小团队高效运转。

一、有效管理我们的小团队

（一）懂得授权

尺有所短，寸有所长。作为小团队的管理者，我们未必是所有方面能力都最强的那个人。但是，我们要找准自己的角色定位，做自己该做的事情，而不是事必躬亲。该自己做的事就做到位，该由团队其他成员做的事就授权给他们。通过合理的授权，将合适的工作交给合适的人去做，有利于团队成员取长补短，高效配合，最终达到目标。

在授权之前，我们要清楚地知道自己的角色定位。那么，我们的角色定位应该是什么呢？

阿正、大川、肖东和王有豪组成了一个参赛小组，准备参加市里举办的技术大比武。由于时间紧张，作为师傅的阿正和大川决定分解任务，各自带徒弟练习。大川担心徒弟王有豪比赛经验不足，不敢给他太多自由发挥的空间，因此所有参赛内容都由自己设计，王有豪只能被动练习。有时候王有豪对某些设计细节提出自己的想法，大川总是说："别想那些没用的，把心收回来，好好按师傅设计的去练就行了。"王有豪觉得自己不被重视，参赛积极性不高。而大川除了指导王有豪，还要准备自己的参赛内容，什么事都压在自己肩上，整个人都累瘦了。

再看阿正和肖东，虽然肖东之前参赛时状态有起有伏，但阿正师傅依然充分信任肖东，所有参赛设计都由肖东自主完成。当肖东遇到困难时，阿正再有针对性地给予指导。由于整个备赛过程完全自主，肖东很快就吃透并掌握了所有参赛内容。而王有豪则还在努力理解师傅的设计思路，很多内容还不熟悉。

王有豪跟肖东说自己对比赛没信心，肖东一边鼓励王有豪，一边找到师傅阿正，请阿正帮忙协调此事。阿正及时与大川沟通，大川觉得王有豪作为自己的徒弟，有问题应该先找自己说，现在却让阿正来协调这件事，很不妥。他很想把王有豪找来训斥一顿，但考虑到现在正是备赛的紧要关头，不能因为自己的情绪问题影响整个团队的状态，自己要对团队负责。于是他转变了指导思路和方法，把王有豪找来一起修改参赛设计，并鼓励王有豪："放下包袱，大胆参赛，成功是咱们团队的，失败算师傅的。"

由于阿正、大川、肖东、王有豪分工明确，密切配合，本次比赛他们获得了第一名。

在不同的场景下，团队的管理者承担着不同的角色。阿正作为团队带头人之一，给予徒弟充分信任，扮演了塑造者的角色。当发现团队成员有问题时，他及时与同伴沟通，扮演了协调者的角色。作为团队另一位带头人的大川想要对比赛的结果负责，扮演了完成者的角色。在徒弟出现心理负担时，他又扮演了凝聚者的角色，及时开导徒弟。因此，好的团队管理者通过扮演恰当的角色，可以凝聚团队的力量，使团队迸发出更多的活力和创造力。

说一说

团队的带头人还应扮演哪些角色呢？

当我们清楚地知道自己的角色，以及在什么情况下扮演哪种角色后，我们就要学会把不是自己角色内的事交给合适的团队成员去做，而不是任何事情都亲力亲为。这样，就既可以使自己不被工作所累，又可以让其他团队成员找到自身的价值感。让我们来想一想，有哪些事情必须授权？有哪些事情可以授权？有哪些事情是不能授权的？

能否授权	工作特点
必须授权	重复琐碎的工作、其他成员更擅长的工作、授权风险低的工作
应该或可以授权	其他成员可以做好，既可以授权也可以自己做的工作；有难度但风险较低的工作
不能授权	与自身角色相称的工作，如团队的重大决策、规章制度的制定等

说一说

还有哪些事是必须授权的？哪些事是可以授权的？哪些事是不能授权的？

有的时候，我们好像很清楚自己应该在哪些情况下授权，但在实际操作层面，难免会遇到干扰，从而走入一些误区。

刘强不止一次矫正过张翔的管理方式。

张翔做事风风火火，效率非常高。刚担任新店负责人的他，要张罗的事情很多。在交代其他员工某项任务后，张翔如果发现这位员工做事不像自己那么“利索”，就急得不得了，老想唠叨几句。还没到员工交任务的截止日期，张翔就忍不住提醒做事情比较慢的几名员工。“小王，你递宣传单的速度能从3秒一张，提高到1秒一张吗？”“小孙，你跟客户说话时的语速能快一点儿吗？我们1分钟说完的话，你总得多1分钟说完。”“小徐，表格做完了没？怎么半小时还没做完一张表格，太慢了啊，要是我，我顶多用15分钟。”

刘强来到新店后，看到张翔这个样子，不由皱起了眉头。他私下里和张翔聊起了天：“你说员工做事要麻利时，到了他们该交任务的时候了吗？”张翔回答：“没有，新店刚开张，事情很多，我只是希望大家都跟我的风格一样，说话、做事都能快则快。”刘强笑了：“你的动机是好的。只是每个人的性格、做事风格本来就是不一样的，我们不能按照自己的模式去塑造别人。”张翔听了以后，联想起之前的点滴，陷入了沉思。

在认清自己的角色及授权的范围后，接下来要做的就是排除干扰、坚持原则。

张翔将一部分工作授权给了其他员工，但是他遇到了干扰——和他做事风格差异很大的员工，他没有坚持住合理授权的原则，而是走向了一个误区，即按照自己的做事模式强制塑造其他成员。

他认为，所有员工都应该跟自己一样做事麻利。但是，他没意识到，有的员工工作节奏慢，并不代表他工作拖沓，他可能只是比较细致认真，所以速度稍受影响。我们如果已将某事授权给团队成员，又要求其按自己的模式去做事，久而久之，就会使团队成员感觉到不被信任，间接导致其工作积极性下降或出现抵触情绪。张翔面临的干扰只是一种类型的干扰，实际上，作为团队的管理者，我们面临的干扰类型多样，因而走入的误区也各不相同。

想一想

常见的干扰、误区有哪些？我们识别以后又该如何更正呢？以小组为单位，尽可能多地想出各种干扰、误区，以及更正措施，将下表补充完整吧。

常见干扰	常见误区	更正措施
	该授权的不授权	
	授权后仍不分巨细，事必躬亲	
	授权后按照自己的行为模式塑造团队其他成员	授权之后给予信任，尊重团队成员与自己做事风格的差异
	授权后缺乏必要的督导	适度跟踪、控制任务进度，帮助解决相关问题；为授权对象提供人、财、物等的支持
我们手里的事情太多，急于做完；我们有很信任的团队成员	未做甄别就将不该授权的事授权	守住自己的角色

当我们严守授权的界限，排除各种干扰时，才算将“授权”这件事做好。只有懂得授权、做好授权，我们才能将自己的精力放到应该做好的事情上；其他成员才能有机会做自己应该做的事，锻炼出很强的做事能力；整个团队才能有序运转，朝着目标进发。

练一练

如果让你代替张翔管理新店，请设想一下你在授权过程中可能遇到的干扰和误区，以及你会采取的更正措施。小组讨论，之后上台发表本组的讨论结果。

小贴士

事必躬亲不是好的管理办法

有一天，司马懿问前来通报的使者：“诸葛丞相每天都干些什么？”使者说：“丞相事务繁忙，二十军棍以上的处罚，丞相都要亲自过问。”而整个蜀军有10多万人，每天大大小小的杂事多如牛毛。本来身体就不好的诸葛亮事必躬亲，精力是肯定跟不上的，工作上呕心沥血的结果就是身体每况愈下。于是，司马懿得出结论：诸葛亮命不久矣。果然，不久之后，诸葛亮星陨五丈原。

这个故事告诉我们，一个人即使能力非常强，也必须学会授权，将可以授权的工作交由信任的团队成员去做。若任何事情都要自己去做，是不会长久的。

（二）有效批评

在团队合作的过程中，团队成员难免会犯错，我们能否在团队成员犯错后做出妥当的处理，会对团队合作产生很大的影响。在处理过程中，我们有时会使用“批评”的策略。批评的目的不是发泄愤怒或者单纯的说教，而是让对方明白出错的原因以及改进的方向，进而促进团队目标的完成。如何批评才能使团队成员更快成长，从而更好地相互配合，是一门学问。

王旭做事认真严谨，但是他的交际能力比张翔稍弱，说话方式有时会出问题。

刘星是王旭选聘的教练，他在工作时勤勤恳恳、任劳任怨。这一天，王旭召集教练们开个短会。平时开会时，刘星都会将手机调成振动模式，但是这次由于他刚忙完一件工作就急忙来开会，手机忘了调成静音。结果，正在开会的时候，刘星的手机响了，于是他急忙把手机关掉。这时，做事一向严谨的王旭一下子火了："咱们说过多少次，在开会时把手机调成静音，静音会不会？这是态度问题，也是纪律问题。我希望以后不要再发生这样的事情，否则扣工资。"王旭还把刘星平时工作中的个别错误拿出来讲，说他平时就毛躁，不注意细节，要注意改正。刘星感到非常委屈，他想："就犯一次小错误你就大加批评，未免太苛刻了吧。"

之后刘星有好一阵儿在开会时，不再像之前那样积极建言献策了。

王旭对刘星的批评是有效的批评吗？未必。王旭对刘星的批评非但没让刘星反思自己的错误，反而让他产生了抵触情绪，失去工作的积极性。那么，我们在管理自己的小团队时，应该如何合理利用"批评"这一手段呢？

我们先来分析一下王旭在批评刘星时所犯的错误。

首先，王旭没有选择合适的批评时机。在短会上，王旭在这么多教练的面前批评刘星，会让刘星觉得丢脸。如果他在会后找刘星单独谈话提出批评，可能效果就会不一样。

其次，王旭没有调整好自己的情绪就当众对刘星提出严厉的批评。在愤怒的情况下批评刘星可能会激发其自卫反应，引发不必要的矛盾。所以，王旭如果在批评刘星之前首先调整好自己的情绪，则更有利于刘星接受批评。

最后，王旭批评时没有对事不对人。作为管理者，应该在批评时对事不对人，并且最好只对团队成员当下所犯的错误进行合理批评，而王旭不仅批评了刘星开会时犯的错误，还把"陈年旧事"翻出来重提，对刘星的性格进行了否定。这种既批评当下的错误，又算"陈年旧账"，还否定人本身的方式，极容易引起团队成员的反感，在团队合作中是不可取的。

王有豪准备比赛过程中，遇到不熟悉的地方老卡壳。比赛一天天临近，他心里万分焦急，找到肖东抱怨道："不行我退赛吧，让大川师傅再找一个徒弟。"大川师傅得知后，并没有直接批评王有豪，而是在训练场上假装开玩笑说："师傅我最近感觉有点累，不想参赛了。你看我这么大岁数还起早贪黑构思设计、编写方案，再这样下去估计头发都要掉光了。你可别学为师，要怎么轻松怎么来呀！"王有豪听出了大川师傅的言外之意，决定认真准备比赛，争取拿个好名次。

大川师傅在处理王有豪问题时的方式比较得当。王有豪备赛时出现畏难情绪，这时如果批评不当，反而会引起他的逆反心理。所以大川师傅没有直接批评王有豪，而是用玩笑和暗示的方式给徒弟提了个醒，让徒弟重新审视自己，端正心态，继续努力备赛。

在团队合作的过程中，我们应该允许团队成员在尝试性或创新性的工作中犯错，因为这种犯错是合理的，这种错误会带来新的工作思路。如果团队成员确实犯了不应犯的失误需要对其进行批评时，我们要注意几个原则：要有理有据，要对事不对人，要选择合适的时机，要采取合适的态度和语言。

团队成员的性格各不相同，能接受的批评方式也不同。我们要根据不同性格的团队成员，选择他最能接受的、效果也最好的方式。

批评方式	特点
幽默式批评	在批评时使用幽默的语言，营造出轻松愉快的氛围，在达到批评目的的同时，还促进了双方的沟通和交流
模糊式批评	在批评时善用"不少同事""某些同事"等比较模糊的词语，既照顾了犯错成员的面子，又指出了其存在的问题
暗示性批评	不直接说明犯错成员的错误，而是用暗示性的语言询问成员，以起到提醒的作用。比如，有成员经常在开会时犯困，可以问他"最近是不是工作很累"或者"最近是不是休息不好"

续表

批评方式	特点
提示性批评	如果团队成员犯错时没有意识到，可以用温和的语言提示一下，让他知道自己存在的问题，以便尽快改正

想一想

如果你是小团队的管理者，当你的团队成员犯错之后，你认为还有哪些批评的方式既能够指出团队成员所犯的错误，又能避免挫伤其工作积极性？

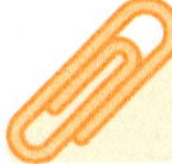

小贴士

批评的原则

1. 目标明确。
2. 注意把握时机，尽量在私下进行。
3. 功过分清，就事论事，不揭短。
4. 有理有据，重点突出。
5. 语言得当，批评适度。
6. 及时鼓励。

议一议

如果你是王旭，你会如何对待刘星所犯的失误呢？请小组讨论一下，如果要批评，你们能想到多少种适合刘星的批评方式？上台分享一下小组讨论的结果。

（三）激励团队成员

小王是王强所在老店的一名宣传人员。近一年来，他团结同事，业绩在宣传人员中排名第一。年底开会时，王强在会上对小王提出表扬，颁发给他“最佳宣传奖”奖金5万元，任命他为宣传工作的负责人，还让他上台发言介绍经验。小王感觉受到了重视，非常开心，他暗自下决心，要继续干好工作。

每一位团队成员都需要被肯定和鼓励，我们要善于使用各种激励方式，让大家感受到自己的努力被重视、被尊重。对于团队而言，一位成员受到激励，也是对其他成员的一种间接督促，对团队水平的整体提升有很大帮助。王强在年会中对小王进行表彰，激励他好好工作的同时，还让小王成为全体员工学习的榜样，有利于营造人人团结、人人努力的良好团队氛围。

下面让我们一起来了解一下激励的方式及特征。

激励方式	特征
物质激励	给予物质上的回报是物质激励的主要方式。一般可以通过发奖品、绩效工资等方式对成员进行激励
精神激励	精神激励不受时间、地点的限制，可以通过语言或行为表示赞赏，使团队成员感受到被肯定，从而激发其工作斗志
培训激励	通过给团队成员提供培训的机会来激励他们
情感激励	通过建立一种同事间和谐的情感关系来调动团队成员的积极性
职位晋升激励	给优秀的团队成员晋升职位，激发其工作动力

议一议

以小组为单位，讨论一下还有哪些激励方式。另外，王强使用了几种激励方式呢？请分享一下本小组的讨论结果。

激励方式有很多，作为团队管理者，我们在激励团队成员时要注意“因人而异”。不一定只有丰厚的奖金和更高的职位能够激励团队成员，有时候，一些关心的话语或者暖心的动作，以及节日的问候更能激发团队成员的工作热情。

小贴士

激励的原则

1. 实事求是原则。给予的激励应该是以团队成员的实际贡献为依据。

2. 公平合理原则。给予团队成员的激励应与其实际贡献相匹配。

3. 适时性和差异性原则。给予激励时应该时机恰当，不能对所有的团队成员采取相同的激励方式，对不同成员要有所差异。

议一议

如果激励方法不恰当，会引起哪些问题？小组讨论一下，并结合具体实例上台发表本组观点。

（四）定期监督并给予指导和帮助

研发部门的经理最近接到了公司领导下发的两个研发任务，他指派小李和小张为研发主管，并成立团队分别负责两项任务，限期完成。

小李在成立团队后，积极与团队成员联系，制订工作计划，分配工作任务，并定期检查任务进度。当团队成员遇到问题时，他及时予以解决。他还觉得团队成员加班很辛苦，便向领导申请了加班补助。

小张的团队成立后，他同团队成员制订工作计划、拆分工作任务后，就委派 1 名小组长负责监督大家工作。团队成员有工作上的困难，小组长向他汇报，他却让小组长直接找经理解决。团队成员看到小张作为研发主管对工作如此不上心，他们也没有了动力，于是工作便拖沓起来。

最后，小李的团队出色地完成了任务，而小张的团队却说任务太难，无法完成。

小李和小张同时接受了任务，由于小李定期对团队的工作进度进行监督，并解决团队合作中存在的问题，他的团队任务完成得很顺利；而小张却将监督工作转交给了一个小组长，自己对团队工作进度不管不问，出了问题也不帮忙解决，影响了团队成员的积极性。

在前面李刚的案例中，不仅李刚存在问题，作为团队负责人的王大勇对团队成员李刚的管理也存在一些问题。

从李刚的角度来看，当领导询问工作进展情况时，他应该汇报具体进度和工作状态。比如，已经完成的部分，完成程度如何；尚未完成的部分，已经进行到哪一步，遇到了什么困难或问题，自己的解决思路是什么，希望得到领导和团队怎样的帮助等。而不应该用一句“没问题”来含混应付。

从王大勇的角度来看，当李刚回答说“没问题”时，他应该和李刚沟通工作做到什么程度才算是没问题、在李刚负责的工作中有哪些重要节点需要提前做好预案并主动报告。

所以，王大勇看起来对工作进行了调度，他的调度却只浮于表面，没有深入了解李刚开展工作的真实情况，也没有给予其具体、及时的指导和帮助，这也间接导致了李刚工作失误的出现。

定期监督团队成员的工作并把握好工作的整体进度是保持团队活力的一个重要方法。通过定期监督，我们可以对工作进度提出自己的看法，可以对团队成员面临的问题予以解决，可以对好的经验予以推广、对不妥的做法及时纠正，从而保证小团队的良性运转。

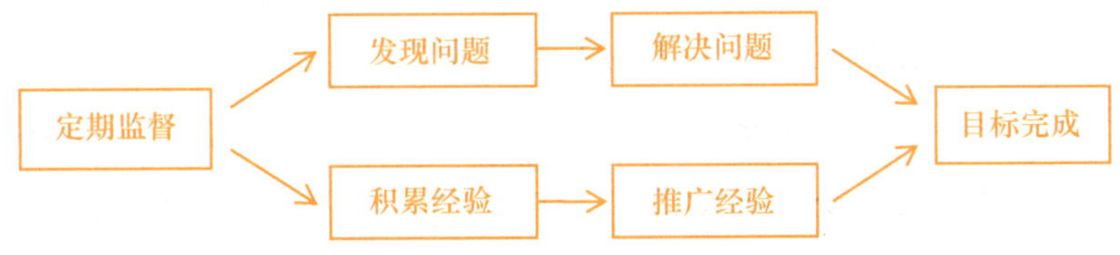

二、妥善处理团队冲突

（一）正确认识团队冲突

打造和谐、高效的团队是我们的愿望，但在工作中，团队成员之间、团队成员与团队之间，以及团队与团队之间难免会在观念和行为上产生矛盾和分歧，形成冲突。冲突是一种相互抵触、对立甚至攻击的状态。冲突出现后我们必须及时、有效解决，才能凝聚人心，促进团队目标实现。

1. 导致团队冲突的原因

人们在工作中难免会有意见不一致、利益有矛盾的时候，由此所造成的分歧、争执发展到了一定的程度，就会发生冲突。实际上，团队冲突是一种常见现象，当冲突被正确化解的时候，它对团队是健康的。所以，团队中出现冲突时，我们不必过于慌张和担忧。

当冲突来临时，作为一个团队领导者，重要的是要区分不同类型的团队冲突，要敢于面对冲突、接纳冲突，同时还要善于化解冲突、减少冲突，帮助团队向前迈进。

要化解或减少团队冲突，首先要了解乃至分析出团队冲突形成的原因。只有对症下药，才能改善和优化团队成员之间、团队成员与团队之间，以及团队与团队之间的关系。

小贴士

传统观点认为，冲突是不好的，会影响团队绩效，应该避免和清除。冲突表明团队内部功能有失调的现象，导致冲突的原因可能是沟通不畅、缺乏诚信。

二十世纪七八十年代的人际关系学说认为，冲突是任何团队都无法避免的现象，其不一定会给团队带来不利的影响，还有可能成为有利于团队工作的积极因素。既然冲突是不可避免的，就应该接纳冲突，承认冲突存在的必然性和合理性。

新近产生的互动作用观点认为，和平安宁的团队容易对变革产生冷漠甚至比较迟钝的感觉，一定水平的、有益的冲突会使团队保持旺盛的生命力。因此，要鼓励有益的冲突。

导致团队冲突的原因很多，细分起来也很复杂，既有来自团队的，也有来自个体的。从个体的角度来看，人与人之间在经验、能力、观念和个性特征上存在种种差异，这些差异往往会导致分歧，分歧发展到一定程度就可能形成冲突；从团队的角度来看，任务的复杂性、资源的有限性、组织架构和管理制度上的不合理，均可导致冲突。

（1）个性特征不同

家庭环境、成长经历、生活习惯、受教育程度等因素塑造了一个人具体而独特的人格和价值观。人格是人的气质、性格等特征的总和；价值观是一个人对周围事物的意义、重要性的总的评价和看法，它支配和调节一个人的社会行为。人格和价值观的差异是引发冲突的重要因素。

（2）认知结构不同

团队成员之间由于先天禀赋不同，后天学习、生活和工作的经历不同，导致他们对事物的理解不同，思考和解决问题的方式不同。这些不同和差异往往造成意见不统一，从而带来冲突。

（3）角色立场不同

每一个团队、团队中的每一个成员均有其职责，由于充当的角色不同，任务和绩效目标不同，我们不一定了解和关注其他团队或其他成员的工作。我们通常站在自己的角度思考问题，更关注己方任务和目标的完成，追求己方利益的最大化。因此，不同团队之间或团队成员之间常常会在任务安排、资源分配、绩效标准、工作报酬等方面产生立场和看法的差异。

（4）彼此沟通不畅

不少冲突都是由沟通不畅造成的。

团队或团队成员之间在目标、观念、时间和资源利用等方面的差异是客观存在的，如果缺乏沟通或沟通不成功，彼此掌握的信息不完整或有差异，就有可能造成隔阂和误解，使团队或团队成员之间形成对立和矛盾。

（5）管理出现问题

团队管理上存在问题，也常常是团队冲突的诱因。不少团队因为制度设计不完善、管理结构不合理、岗位职责不清晰，在一些交叉性的工作或新增的临时性工作上出现谁也不负责或谁也不想负责的“真空”状态，进而造成团队或团队成员之间互相推诿甚至敌视的后果。

2. 团队冲突的类型

团队冲突的分类有很多，常见的分类有以下几种：

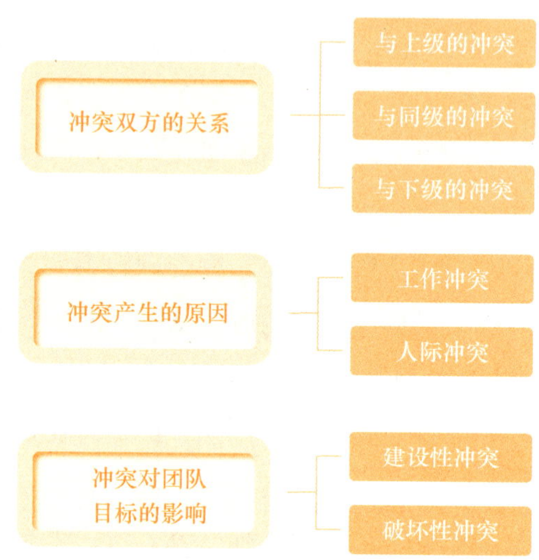

按冲突双方的关系来分，可分为与上级的冲突、与同级的冲突、与下级的冲突。

按冲突产生的原因来分，可分为工作冲突和人际冲突，但这两种冲突在一定条件下可能会相互转换。工作上的冲突是围绕着怎样把工作做好而产生的，不仅不是负面的，反而是积极有效的，是很正常的现象；但大家因为工作上的冲突而情绪激动、面红耳赤，就可能会影响人际关系，这时工作冲突就易演变成人际冲突，从而带来一些消极影响。

说一说

联系班集体工作或学习任务安排，举出 1~2 个工作冲突转变成人际冲突的事例，并分享你的反思。

按冲突对团队目标的影响来分，可分为建设性冲突和破坏性冲突。

建设性冲突是大家从团队利益出发，对团队工作中存在的不合理之处持不同的态度与处理意见所形成的对立、争执。比如，团队成员对团队的任务分配、进度安排、人员配置、提高绩效的方法与手段等意见不一致产生了冲突。这类冲突的特点是冲突双方的出发点都是好的，都是为了完成团队目标和任务；冲突双方都愿意了解对方的观点和意见；大家以争论问题为中心，随着争论的深入，互相交换意见的情况不断增加。

我们可以鼓励一定程度的建设性冲突，因为它能够促进信息交换，使大家更活跃地参与到问题的解决中来，从而产生更有创意的解决方案。合理处理建设性冲突，能促进团队整合，增强团队凝聚力。

小贴士

产生建设性冲突的基本条件是团队要形成一种畅所欲言的氛围。我们如果想发挥建设性冲突的积极作用，应该尊重不同的意见，将事实摆在桌面上进行讨论，反对团队成员盲目服从，让每一位团队成员都有表达反对意见的自由和自信。我们自己也应该经常参与到集体讨论中，从而不断发现问题、改进管理。

破坏性冲突的表现是大家由于认识上的不一致，以及资源和利益分配等方面的矛盾而相互抵触、争执甚至攻击。这类冲突的特点是双方关心的不是团队整体任务的完成，而是自己能否获得足够利益，能否在工作观点和思路方面压倒对方；双方不愿听取对方的观点、意见；双方交换的信息不断减少，以致完全没有良性互动。破坏性冲突容易造成团队资源的极大浪费，导致团队凝聚力的严重降低，从根本上妨碍团队任务和目标的完成。

张强的团队里有一位团队成员叫王磊，他在动漫人物设计上很有想法。当王磊发现张强的工作方法较为落后时，曾多次提出改进建议，但张强根本不予理会。王磊认为张强是个老顽固，觉得跟这样的领导工作没有前途，对张强交代的工作也逐渐变得懈怠。

张强则认为王磊年轻气盛，想要挑战自己的专业权威，因此决定给他一点震慑。在工作上，张强经常找借口给王磊挑毛病，并说道："能干就干，干不好就走人。"王磊气不过，时常当着众人的面让张强难堪。

王磊感觉自己受到了不公正的对待，心里压抑了许久。正好有猎头挖他，他就主动离职了。

张强与王磊都不愿听取对方的观点，相互抵触甚至相互攻击，这种破坏性冲突不利于团队和谐，甚至会严重损害团队利益，影响团队的长远发展。在工作中，尽量避免这种情况的发生。

（二）处理团队冲突的策略

团队冲突是团队发展过程中的一种普遍现象。无论是建设性冲突还是破坏性冲突，我们都要及时解决，否则即使建设性冲突也容易转化为破坏性冲突，而破坏性冲突的影响则更加恶劣。

想一想

在你管理的小团队中，当团队成员产生冲突时，你能想到多少种解决方法呢？具体列一列吧。

常见的冲突处理策略有5种，即竞争、退让、妥协、回避和合作。

蒋大强、沈星、韩江3个人合伙创办了一家公司。公司运行后，蒋大强担任总经理，并负责市场开拓；沈星负责技术保障；韩江负责日常管理，并协助沈星做好技术工作。

第一阶段：竞争与退让

公司成立初期，业务量较少，日常运行的难度不小。在一次工程项目竞标过程中，有几家比较大的公司参与了进来，导致竞争非常激烈。蒋大强认为，该项目对公司的发展意义重大，即使没有利润甚至亏损，也要拿下这个项目。沈星和韩江则认为，公司刚成立，经不起太大的折腾，应该放弃竞标。经过几天的争论，蒋大强始终坚持自己的观点，最后沈星和韩江争执不过，同意了蒋大强的意见。最终，他们公司拿下了该项目。自从拿下该项目后，公司的业务逐渐有了起色，蒋大强也逐渐树立了自己的管理权威。

第二阶段：妥协

经过几年的奋斗，公司承接的业务越来越多，沈星和韩江多次提出要配备助手。沈星要求配备两名助手，韩江要求配备1名助手。蒋大强考虑公司运营的实际情况，给沈星配备了1名助手，对韩江的要求未予满足，但提出不再让韩江协助沈星工作。

第三阶段：回避

随着业务量的增加，公司的营业额也在逐年增加。往年分配利润时，是按照创办公司时的出资比例进行分配的，蒋大强占50%，沈星占30%，韩江占20%。由于沈星负责技术保障，工作比较辛苦，他多次提出在利润分配时应该考虑工作性质和工作的辛苦程度。对于沈星的要求，蒋大强既不肯定也不否定，一直没有回应。

第四阶段：合作

沈星对此心生不满。年底的时候，沈星再次提出要改变原有的利润分配办法，要求为自己增加10%的利润分配比例。在谈话中，他流露了这样的意见：如果公司不同意自己的提议，自己将会撤股。蒋大强感到了事情的严重性，于是召集沈星、韩江开会。3个人最终决定从全年总利润中拿出20%，按照工作性质和工作的辛苦程度进行奖励，剩余的80%仍按原定办法进行分配。自此之后，沈星的工作积极性大大增强，公司的业务量也继续增加，公司呈现蓬勃发展的态势。

3个合伙人虽然屡次出现冲突，但是所有的冲突都得到了合理的解决，公司也日益发展壮大。

下面，我们来分析一下这些冲突是怎样解决的。

先看第一阶段。在一个较大工程项目的竞标上，3个人产生了分歧。蒋大强坚持自己的想法是对的，沈星和韩江争论不过，只好迁就。在这次冲突的处理过程中，出现了竞争和退让两种解决方式。

1. 竞争

竞争就是我们坚持自己的意见和主张，不接受对方的意见和主张。它以争论为主要对抗形式，有时争论甚至带有挑衅性。

当遇到如下情形时，我们可以采取竞争策略来处理团队冲突。

（1）当争论的问题对团队的前景极为重要，并且我们经过反复论证后，知道自己是正确的。

（2）当遇到紧急情况必须迅速、果断地进行决策时。比如，工厂发生了危险化工原料泄漏事件，这时团队成员提出几种不同的处理意见，并产生争辩。如果我们是团队管理者，在平衡各种方法的可行性、经济性的基础上，必须快速反应，从中选择某个解决方案或自己提出解决方案，以便尽快开展行动，不留有讨论和争辩的余地。

（3）当要实施一项重要但不受欢迎，或不为多数人理解的行动计划时。虽然这时采取竞争策略对团队的发展是有利的，但有部分成员的利益将在此过程中受到损害，抵触和冲突不可避免。

使用竞争策略可以快速形成决策、解决冲突，但也有明显的缺点：可以强迫对方听从，但不一定能令其心服口服。也就是说所有事情都是强迫对方去做，不能用有效的理由来说服他。

2. 退让

退让就是放弃自己的立场或应得的利益，满足对方的意愿。

当需要维护团队的和谐关系，或为了团队的长远建设和发展时，我们可以考虑采用退让的策略。

（1）当我们发觉自己的观点有错误的时候，应当放弃自己的观点，不必执着。

（2）当事情对于对方来说更加重要时，不妨迁就对方，以换取对方的理解和支持。

（3）如果使用竞争策略难以取得成效，或坚持竞争策略可能会带来破坏性的结果，不利于实现团队目标时，不妨采用退让的策略。沈星和韩江之所以选择退让，原因也正在于此，毕竟和谐比分裂好。

采取退让的策略，自然会受到对方的欢迎，但有时在重要问题上迁就对方，可能会被视为软弱。因此，退让可能会缓和冲突，维持团队的和谐气氛，也可能会鼓励一些不合规的做法，制造未来的冲突。

3. 妥协

由于公司业务量的增加，大家的工作量也随之增加，沈星和韩江多次提出要添加人手。蒋大强虽理解他们的难处，但又考虑公司的运营实际，只是部分满足了他们的要求：沈星原来要两个人，现在给他配 1 个人；韩江要求增加 1 个人，蒋大强没有答应，但不再让他协助沈星工作。对于沈星来说，有 1 个帮手总比没有好；对于韩江来说，虽然没有增加人手，但现在可以专心负责公司的日常管理了，也确实会轻松不少。冲突的双方都各让一步，都能接受解决方案，这就是“妥协”策略。

妥协是冲突双方都愿意放弃己方的部分观点和利益，找到一个双方都可以接受的方案，使冲突暂时得到解决。当双方都不能找到完美的解决方案时，坚持己见不如退而求其次。妥协，是中等程度的合作、中等程度的坚持。

如遇下列情形，我们可以考虑选择妥协的策略。

（1）双方需求的重要性处于中等程度，或属于非原则性问题。

（2）双方势均力敌，难以对一方形成压倒性优势，或难以找到互惠互利的解决方案。

（3）面临时间压力或问题比较棘手、复杂，没有更多的时间找到共赢的方式。

蒋大强他们就面临这种情形。公司因为运营实际，不能增加人员，但技术保障和日常管理的压力确实比较大，必须增员，所以，3 个人就各让了一步。

一家软件公司因扩大业务，需要招聘 5 名程序员，但人力资源部只招来了 1 个人。次月初，技术部裘经理找到人力资源部刘经理："虽然你们没有按要求为我们招到人，但我们也很清楚你们确实做了许多工作。你不知道，这一阵儿要开发新软件，每天一大堆事儿，又是技术问题，又是人员安排问题，手底下的人手不够用，真是忙不过来！招来的这个人先让他干着，我抽时间把职位描述写得再清楚点，这个月你们一定得尽量帮我们招满，否则到时候完不成工作任务，老总怪罪下来，谁都不好交代。你说是吧？"

刘经理说："上个月没给你们招够新人，真是不好意思，影响你们工作了，我有责任。你可能不知道现在人力资源市场竞争有多激烈，本来软件开发人才就缺乏，再加上咱公司给的工资又不算高。我说咱们用人这么急，又想要水平高的，就找猎头公司帮我们招，可老总又嫌费用高。这个月我再去找老总说说，多拨点儿招聘费，努力一把，争取把人招到。你看怎么样？"

技术部需要增员，但人力资源部没有招够新人，技术部对人力资源部是有意见的，但裘经理没有直接怪罪人力资源部，而是很客观地表明工作难处，并委婉地表示如果工作任务完成不了，大家都要承担责任。裘经理出于内部关系及长远考虑，没有提高冲突等级，算是让了一步。人力资源部刘经理也很坦白，表明自己有责任，但也分析了目前招人的难处，表示将向老总多争取点招聘费，努力把人招到。刘经理没有发泄怨气，也算给了情面。双方各让一步，为的是不弄僵关系，未来能够更好地合作，双方的分歧暂时得到了较好处理。

但是，我们也要看到，这种处理方式是以延误工作为代价的，有时会使应该坚持的制度、规则和要求没有坚持到位。

此外，如果在双方冲突比较严重时，仍一味采取妥协策略，就会使问题得不到根本解决并积累下来，一旦到了双方都无法妥协的时候，更严重的冲突就会爆发。

总体来说，妥协虽然不是最好的解决方法，但常常可以在冲突双方利益、时间、成本、关系等各个方面取得较好的平衡，因此也是化解团队冲突的常用手法。

4. 回避

公司营业额增多之后，沈星向蒋大强提出了新的利润分配方式，但蒋大强没有回应。这种冲突处理方式称为回避。

回避策略表现为：冲突一方意识到冲突的存在，但采取忽视的态度，不采取任何措施维护对方或自身利益。回避，就是既不坚持自己的需求，也不重视对方的需求。

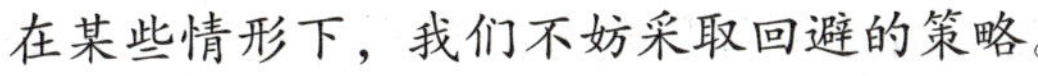

在某些情形下，我们不妨采取回避的策略。

（1）当冲突事件无足轻重，或有更紧迫、更重要的问题需要解决时。

（2）当对方过于冲动，或解决问题所需的条件暂不具备时。

（3）当冲突立即解决后会导致问题往更严重的方向发展时。

暂时回避，让对方有时间冷静下来，也给自己争取解决冲突的空间。蒋大强之所以采取回避的策略，或许就是觉得一时无法决定该怎么做，希望给自己留点儿时间吧。

显而易见，采取回避的方法只是使事态没有发展得更坏，仅维护了暂时的和谐局面，问题仍没有得到解决。

5. 合作

蒋大强搁置了沈星改变利润分配方式的要求，回避了眼前的矛盾，得到了短暂的平静，但双方的冲突并没有得到解决。到了年底，这个问题又被重新提出，沈星直接要求为自己增加 10% 的利润分配，否则撤股。蒋大强意识到问题的严重性，于是召开会议提出了解决方案。这次不是蒋大强自己做决定，而是 3 个人进行商讨、谈判，这种冲突处理方式就是“合作”。

合作策略的表现：双方开诚布公地讨论问题，寻找互惠互利的解决方案，尽可能地使双方的利益都达到最大化。

采取合作策略，能关注到双方的利益，并寻求双方相互受益的结果。合作策略适宜的情形有以下几种。

（1）当双方的利益都很重要，需要力求双赢的解决方案时。

（2）需要平衡多方利益时。

（3）满足对方利益需求也可以给己方带来同样重要的或更重要的利益时。

某公司向供货商订购了一批纸张，供货商要求周五下班前将 50 万元的货款打过去，否则就要加价 5%。行政部赵经理向财务部申请转账，并表明如果财务部感到为难，两个部门一起看看有没有解决办法。由于公司规定 20 万元以上的转账须提前一周向财务部申请，财务部张经理考虑到及时付款可以给公司省下 2.5 万元，于是找到赵经理一起商议办法，两人紧急向总经理请示，最后在周五下班前将转账一事处理好了。

及时给供货商转账，有助于维护行政部乃至公司与供货商的关系，所以赵经理向财务部提出转账要求。这样做，虽然能为公司省下 2.5 万元，但张经理不能违规操作，所以他找到赵经理，两人一起向总经理紧急请示。行政部和财务部都能够考虑对方的立场，坦诚沟通，共同寻求解决问题的途径。这是一个双赢的结局，也使他们的关系更加和谐了。

合作策略追求的是双赢，但它也有不可避免的缺点：有时采取合作策略，随之而来的是一个漫长谈判和达成协议的过程。

团队冲突处理策略及其含义

团队冲突处理策略	含义
竞争	我就要这么做
退让	那就听你的
妥协	咱们各让一步
回避	视而不见
合作	坐下来谈谈，争取双赢

练一练

请回顾你曾在团队合作中与团队成员发生的一次冲突或你见过的类似冲突，填写下表。

何人（who）	
何时（when）	
何地（where）	

续表

何事（what）	
为何（why）	
怎么处理的（how）	
冲突类型（打√）	□建设性冲突　□破坏性冲突
有没有更好的解决方案（若有，简要叙述）	

（三）处理团队冲突的原则

了解了冲突的类型和处理冲突的策略之后，我们还要掌握一些基本原则，以便更好地使用策略、控制局面。

分清类型 区别处理 → 及时反应 冷静对待 → 换位思考 弄清真相 → 明确策略 采取行动

1. 分清类型，区别处理

首先，我们要辩证看待团队冲突，分析出团队冲突是建设性的还是破坏性的，认识到不是所有的冲突都是有害无益的。

其次，我们要洞察冲突发生的可能性，采取恰当的策略尽量避免破坏性冲突的发生（如果发生了，也要把它的损害降低到最小的程度）。同时，利用好建设性冲突，以便更好地完成团队合作目标。

2. 及时反应，冷静对待

一般来说，团队发生冲突后，要快速反应，选择合适的策略应对。

在快速反应的同时，我们要注意保持冷静。无论与谁发生冲突、因为什么发生冲突，我们首先要做的就是保持冷静。冲突会让我们产生负面情绪，如果我们任由负面情绪泛滥，就可能导致程度不同的思维混乱、言语过激、行为冲动，从而不能做出正确的判断和采取妥当的行动。如果对方情绪过于激动，我们也要有格局和定力，避免受其非理性言行的裹挟而心神散乱。

在稳定情绪之后，我们还需要调整心态，转向理性思考。要本着“对事不对人”的原则选择合适的策略，妥善处理冲突，避免把工作冲突变成人际冲突，把建设性冲突变成破坏性冲突。

在处理冲突时，要有尊重对方的态度，尽量保持开放、包容的心态看待问题，在没有确切证据时不要胡乱猜测对方的想法，也不要认为自己的观点或行为一定是正确的，要注意检视自己的问题，反观自己有没有需要改进的地方。

3. 换位思考，弄清真相

处理冲突时，我们要倾听对方的陈述，弄清对方的需求，然后反观我们所了解的是不是全面，所理解的是不是充分，所判断的是不是准确。要把一些非理性的主观判断过滤掉，准确把握对方的观点、态度及其背后的理由，并善于发现对方观点和意见中的合理因素，以便打开自己的思路。

我们要注意换位思考。冲突双方往往都是从自身的角度出发考虑事态的演变和事件的结果，导致双方没有交集或交集面小。如果冲突一方能够站在对方的立场上考虑问题，体验对方的内心感受和情绪变化，事情往往好办得多。共情往往有助于弥合差异。

我们在弄清对方的真实需求后，也要弄清自己的需求，考虑能让步的范围，揣摩能与对方在哪些方面达成一致。如果我们认为自己是对的，不肯放弃自己的立场和观点，那就要凭借客观事实、可靠的数据和符合逻辑的推理来说服对方。同时，也不能只讲道理，还要有感情上的沟通，以情动人是一个有效的沟通方法。

小贴士

发生团队冲突时，站在对方角度，向自己提几个问题：

1. 为什么对方觉得自己的想法有道理？
2. 是什么让他做出这些举动？
3. 从根本上来说，对方想要或需要的是什么？

很多时候，我们对别人的问题观察得仔细，但对自己的问题却意识不到。如果我们正在让事情变得更糟，最好停下来，向自己提出以下问题：

1. 我有没有让冲突向破坏性方向发展？
2. 我是不是在妨碍一个可能十分有价值的协议的达成？
3. 我是否在逃避一些十分困难却重要的谈话，或是在造成彼此的分裂？
4. 我的行为与我化解冲突的目标一致吗？
5. 要化解冲突，我需要做出怎样的改变？

4. 明确策略，采取行动

在保持头脑冷静，了解了对方的需求，弄清了冲突的类型、冲突的症结后，我们就要选择合适的处理策略。

对冲突双方来说，共赢是最能接受的结果，如果我们能够找到符合双方利益的解决方案，那当然最好。但实际工作是复杂的，未必每次都能取得共赢的结果。

处理团队冲突并非我们的最终目的，我们的最终目的是推进团队工作，促成团队目标实现。

因此，要放下你输我赢的想法，该竞争时要竞争，该退让时要退让，该妥协时要妥协。一旦明确了处理策略，就要尽快采取行动，让事情向着好的方向发展。

课后练习

1. 通过本课的学习，你认为如果要管理好自己的团队，需要注意哪些问题？试着画出思维导图。

2. 你认为造成团队冲突的原因有哪些？建设性团队冲突和破坏性团队冲突有什么不同？应如何区别处理？面对团队冲突，为什么首先要让自己冷静下来？

3. 请从你的学习或生活中选择一个比较典型的团队冲突，也可以上网搜寻一个，按照下列格式进行案例分析。

案例描述	
冲突产生的原因	
处理冲突的策略	
改进措施	
个人感悟	

单元拓展练习

重点回顾

1. 团队合作可以使“1+1>2”，是应对激烈竞争的必然选择。

2. 清晰的团队目标、共赢的实现以及团队成员之间的相互信任是团队合作的基础。

3. 个体与团队其他成员的相互认可与接纳很重要。初入职场，尽量迅速而又自然地融入团队，获得团队成员的认可和接纳。

4. 积极与团队成员打招呼、搭建工作网络、通过提问建立联系、以积极配合的态度交谈，可以营造和谐团队氛围，使我们快速融入团队。

5. 要真正融入一个团队，还需主动了解团队的目标计划、规章制度以及团队结构。

6. 要实现团队高效合作，我们需要忠于团队、尽职尽责、找准角色定位、练就过硬执行力、树立学习目标、增强内部客户意识，以赢得同伴信任。

7. 要实现团队高效合作，我们需要相信同伴是可靠的、能胜任的，要在团队中传播正能量，积极影响同伴。

8. 组建小团队时，需设定原则与目标，确立工作流程、决策规则和成员行为准则等，明确成员分工，确保任务执行效果。

9. 为确保小团队完成目标，团队组建者需选择合适的人做合适的事，让每个人明确岗位职责，还需合理下达任务并以身作则执行。

10. 管理小团队时，需懂得授权、有效批评、激励团队成员、定期监督并给予指导和帮助。

11. 管理小团队时，要妥善处理团队冲突，客观分析冲突原因和类型，选择合适的应对策略，并掌握处理冲突的基本原则。

12. 处理团队冲突的策略有竞争、退让、妥协、回避和合作，我们应根据实际情况选择使用何种策略。

13. 处理团队冲突需掌握的原则包括：分清类型，区别处理；及时反应，冷静对待；换位思考，弄清真相；明确策略，采取行动。

学习完本单元，我能够掌握并运用的知识（将上面的编号填在横线上）：____

____

我体会最深的地方：______________________________________

____

我最需要提升的地方：_____________________________________

____

我学我测

请完成以下测试题。其中，选择题为多选题。

1. 团队成员之间实现合作共赢的条件为（　　）。

A. 每个人都处于适合自己的位置

B. 优势互补、互相配合

C. 暂时不考虑利润分配的事

D. 利益分配方案公平合理

2. 上班第一天做自我介绍时，（　　）。

A. 介绍姓名要清晰　　B. 注意建立工作关系

C. 尽量面面俱到　　D. 提前做好准备

3. 搭建工作网络可以找（　　）。

A. 导师和团队直属领导　　B. 不熟悉的部门的成员

C. 临近工位的其他团队成员　　D. 同批入职的同事

4. 要注意了解团队的（　　）。

A. 目标　　B. 计划

C. 规章制度　　D. 黑历史

5. 履行岗位职责时，需要（　　）。

A. 了解角色定位

B. 了解每个工作任务的时间节点

C. 按照要求和规范做事

D. 保持有效沟通

6. 具有过硬执行力的人的特质是（　　）。

A. 做事有条理　　B. 善于学习和总结

C. 及时反馈工作进度　　D. 敢于挑战难题

7. 目标管理中的“SMART”原则：S 表示________，M 表示________，A 表示________，R 表示________，T 表示________。

8. 岗位错位包括（　　）。

A. 向下错位　　B. 向上错位

C. 横向错位　　D. 纵向错位

9. 批评的原则是（　　）。

A. 态度平静，言语得当，批评适度

B. 把握时机，尽量私下进行

C. 功过分清，就事论事，不翻旧账

D. 有理有据，重点突出，及时鼓励

10. 遇到以下哪些情形，我们可以考虑选择妥协策略（　　）。

A. 双方需求的重要性处于中等程度，或属于非原则性问题

B. 双方势均力敌，一方难以对另一方形成压倒性优势

C. 双方可以互惠互利

D. 面临时间压力或问题比较棘手、复杂，没有更多的时间找到共赢的方式

我知我行

1. 心有千千结活动。规则：全班学生分成若干个小组，每组若干人。每组成员手拉手围站成一个圆圈，记住与自己左手、右手分别相握的人。在背景音乐中，大家放开手，随意走动。音乐一停，脚步即停，找到原来左右手相握的人分别握住。小组中所有参与者的手都彼此相握，形成了一个错综复杂的“手链”。在节奏舒缓的背景音乐中，

参与者在手不松开的情况下，通过各种方法，如跨、钻、转等，将交错的“手链”还原成一个大圆圈。

2. 在班级范围内完成如下活动：

（1）向同学打招呼、询问爱好并索要签名，比一比谁收集的签名最多。

（2）有相同爱好的同学建立聊天群，比一比谁加入的群最多。

（3）如果别人询问你是否有某项爱好，而你没有这个爱好，用积极配合的态度写下你的回复。

（4）进了同一个聊天群的同学，写下增强凝聚力的做法并发到群里。

3. 用贝尔宾团队角色测试表测出自己的团队角色类型，搜寻与自己团队角色相匹配的职业和岗位。

4. 学校组织“一二·九”文艺汇演，你是班级节目负责人。老师将节目筛选、人员确定、人员分工、排练等任务全权交给你负责。请就如何完成此项工作写一份筹备方案。

5. 若在班级“一二·九”文艺节目排练过程中遇到如下问题，写出相应对策。

（1）准备时间较短，而你还要准备期末考试，时间和精力不够用。

（2）有同学经常迟到早退，频繁请假或者无故不来，排练进度缓慢。

（3）有同学想要退出演出，而你没有更合适的替代人选。

（4）有两名同学就谁该站舞台中央而争吵。

附录：

单元拓展练习参考答案

第一单元

我学我测

1. BCD　2. AC　3. 主导，“首因效应”　4. ABCD　5. ABC
6. CD　7. ABCD　8. AC　9. ABC　10. ABD

我知我行

1. 提醒学生，在设计情景剧时，要参考教材中提及的有效交谈方法。在活动过程中，要细心观察学生的表现，积极鼓励学生分享他们的活动感受，及时给予学生相应的指导和建议，并对他们的表现做出公正的评价。

2. 预案中应体现良好修养、恰当角色定位、得体举止、主动问好、记住名字、积极倾听等方面，注意扬长、补短。

3. 在组织活动时，应注意鼓励内向的学生勇敢分享自己的故事。在巡回指导过程中，教师应及时褒奖表现优秀的学生，同时纠正学生有问题的行为。

4. 可先让学生以原有思维先沟通，再练习高效沟通四个步骤，以此发现沟通时容易出现的问题。

5. 注意观察学生思维是否客观、向善，还要引导学生反思自身问题。

第二单元

我学我测

1. ABD　2. ABD　3. ACD　4. ABC　5. ABCD　6. ABCD

7. 明确、具体，可度量，可实现，有相关性，有明确时间限制

8. ABC　9. ABCD　10. ABD

我知我行

1. 可先让少数学生组队，再逐步扩大至更多学生。注意监督学生，确保他们不违反规则，以保证活动效果。

2. 鼓励学生运用主动融入团队的方法完成活动，注重活动过程的体验，而非仅仅关注结果。

3. 自行搜索问卷，并统一发放给学生，之后依据测试结果给予点评。

4. 运用组建小团队的相关知识，引导学生完成方案设计。

5. 引导学生运用授权、批评、激励、监督、指导等管理团队的方法，以及处理团队冲突的策略和原则，完成相关任务。